A Primavera Árabe
e o Uso da Força
nas Relações Internacionais

A Primavera Árabe e o Uso da Força nas Relações Internacionais

DIREITOS HUMANOS – CENTRO DE INVESTIGAÇÃO INTERDISCIPLINAR

2013

Patrícia Jerónimo (Org.)
Abdullahi Ahmed An-Na'im
Carlos Gaspar
Danilo Zolo
Hamdi Sanad Loza
José Manuel Pureza
Maria de Assunção do Vale Pereira
Pedro Carlos Bacelar de Vasconcelos
Wladimir Brito

A PRIMAVERA ÁRABE E O USO DA FORÇA
NAS RELAÇÕES INTERNACIONAIS
DIREITOS HUMANOS – CENTRO DE INVESTIGAÇÃO
INTERDISCIPLINAR
AUTORES
Patrícia Jerónimo (Org.) · Abdullahi Ahmed An-Na'im · Carlos Gaspar
Danilo Zolo · Hamdi Sanad Loza · José Manuel Pureza
Maria de Assunção do Vale Pereira · Pedro Carlos Bacelar de Vasconcelos
Wladimir Brito
EDITOR
EDIÇÕES ALMEDINA, S.A.
Rua Fernandes Tomás, n.ºs 76, 78 e 79
3000-167 Coimbra
Tel.: 239 851 904 · Fax: 239 851 901
www.almedina.net · editora@almedina.net
DESIGN DE CAPA
FBA.
IMPRESSÃO | ACABAMENTO
PAPELMUNDE

Dezembro, 2013
DEPÓSITO LEGAL
368257/13

Toda a reprodução desta obra, por fotocópia ou outro qualquer processo,
sem prévia autorização escrita do Editor, é ilícita e passível de procedimento
judicial contra o infrator.

 GRUPOALMEDINA

BIBLIOTECA NACIONAL DE PORTUGAL – CATALOGAÇÃO NA PUBLICAÇÃO

A PRIMAVERA ÁRABE E O USO DA FORÇA NAS RELAÇÕES
INTERNACIONAIS

A Primavera Árabe e o Uso da Força nas Relações Internacionais:
Direitos Humanos – Centro de Investigação Interdisciplinar
Org. Patrícia Jerónimo
ISBN 978-972-40-5448-3

I – JERÓNIMO, Patrícia

CDU 342

ÍNDICE

INTRODUÇÃO   7
Patrícia Jerónimo

I DIRITTI UMANI, LA DEMOCRAZIA E LA PACE NELL'ERA
DELLA GLOBALIZZAZIONE   17
Danilo Zolo

OS LIMITES DA INTERVENÇÃO   27
Carlos Gaspar

SOBERANIA COMO RESPONSABILIDADE   43
Wladimir Brito

ISLAM, SHARIA AND DEMOCRATIC TRANSFORMATION
IN THE ARAB WORLD   53
Abdullahi Ahmed An-Na'im

THE ARAB SPRING: AN EGYPTIAN PERSPECTIVE   71
Hamdi Sanad Loza

A PRIMAVERA ÁRABE, A EUROPA E O MEDITERRÂNEO   75
Pedro Carlos Bacelar de Vasconcelos

AS AMBIGUIDADES DA RESPONSABILIDADE DE PROTEGER:
O CASO DA LÍBIA   79
José Manuel Pureza

INTERVENÇÃO HUMANITÁRIA E INTERVENÇÃO DEMOCRÁTICA:
RECURSO À FORÇA PARA GARANTIR DIREITOS FUNDAMENTAIS?   101
Maria de Assunção do Vale Pereira

O DISCURSO DOS DIREITOS HUMANOS NO CONTEXTO
DA PRIMAVERA ÁRABE   123
Patrícia Jerónimo

OS AUTORES   145

Introdução

PATRÍCIA JERÓNIMO

As revoltas populares no mundo árabe – que os observadores ocidentais entusiasticamente designaram *Primavera Árabe*, evocando o optimismo das primaveras europeias de 1848 e de 1968 – tiveram início há já quase três anos, mas o desfecho dos processos de transição (ou abertura) democrática então desencadeados continua muito incerto, tal como continuam a ser muitas as incertezas sobre a interpretação a fazer e a resposta a dar pela comunidade internacional perante esta sequência de acontecimentos, no mínimo, surpreendente. Assistimos à saída das populações à rua para exigirem "pão, liberdade, justiça social e dignidade", numa sucessão de manifestações pacíficas que, inspiradas pelas manifestações da Tunísia e do Egipto, se estenderam de Marrocos até ao Iémen em poucos meses. Assistimos à deposição de líderes históricos, aparentemente inamovíveis, e à realização de eleições livres (as primeiras em várias décadas, para alguns dos países), bem como à introdução de reformas políticas e económicas destinadas a aplacar o descontentamento popular e a prevenir novas quedas de regime. Assistimos à ascensão dos grupos islamistas, admitidos ao jogo político oficial depois de muitos anos de clandestinidade e vencedores de quase todos os processos eleitorais em que participaram, mas também, mais recentemente, no Egipto, a um golpe militar que afastou o Presidente democraticamente eleito e lançou a perseguição contra a Irmandade Muçulmana, fazendo temer uma "outra Argélia" e o regresso dos grupos islamistas, novamente fragilizados, a estratégias não democráticas[1]. Assistimos a uma escalada das tensões étnicas e sectárias e à eclosão de duas guerras civis, uma das quais ainda sem fim à vista. E assistimos ao realinhamento das forças políticas no norte de África e no Médio Oriente, com a emergência de novos protagonistas e um reavivar do velho cisma entre sunitas e *shiitas*, provocado pela guerra civil síria[2]. Nenhum país escapou incólume ao desassossego social e político trazido pelas revoltas populares. O cenário na região é extremamente diversificado, mas a impressão geral é de grande instabilidade[3].

Há quem diga que a Primavera Árabe falhou. Temos uma guerra civil na Síria e o risco de uma nova ditadura militar no Egipto, onde foi reinstituído o estado de emergência e decretado o encerramento de várias estações de televisão e outros meios de comunicação social[4]. A curta experiência dos islamistas no governo do Egipto, apesar do seu mandato democrático, foi

---

[1] Cfr. Álvaro de VASCONCELOS, "Avoiding Algeria in Egypt", *in Project Syndicate*, edição de 06.07.2013, texto disponível em http://www.project-syndicate.org/commentary/how-egypt-can-avoid-the-fate-of-algeria-in-1992-by--lvaro-d--vasconcelos [08.07.2013]; Joschka FISCHER, "The struggle for Middle East Mastery", *in Project Syndicate*, edição de 27.08.2013, texto disponível em http://www.project-syndicate.org/commentary/revolution-and-counter-revolution-in-the-middle-east-by-joschka-fischer [09.09.2013]; Javier SOLANA, "The Middle East Turmoil Trap", *in Project Syndicate*, edição de 22.09.2013, texto disponível em http://www.project-syndicate.org/commentary/the-egyptian-coup-and-middle-east-security-by-javier-solana [24.09.2013].

[2] Cfr. Javier SOLANA, "Waking from the Middle East Nightmare", *in Project Syndicate*, edição de 30.08.2013, texto disponível em http://www.project-syndicate.org/commentary/change-in-iran-and-the-future-of-the-middle-east-by-javier-solana [09.09.2013]; Jean-Marie GUÉHENNO, "The West's second chance in Syria", *in Project Syndicate*, edição de 23.09.2013, texto disponível em http://www.project-syndicate.org/commentary/reframing-the-west-s-strategy-in-syria-by-jean-marie-gu-henno [24.09.2013]; Bassel F. SALLOUKH, "The Arab Uprisings and the geopolitics of the Middle East", *in The International Spectator*, vol. 48, n.º 2, 2013, pp. 32-46.

[3] Cfr. Emiliano ALESSANDRI e Nora Fisher ONAR, "The changing landscape of the Arab world and implications for the EU and Turkey", *in The German Marshall Fund of the United States Policy Brief*, Novembro, 2012, p. 1, texto disponível em http://www.gmfus.org/wp-content/blogs.dir/ 1/files_mf/1353000704Alessandri_FisherOnar_ChangingLandscape_Oct12.pdf [08.12.2012].

[4] Cfr. Khaled M. Abou EL FADL, "The perils of a 'people's coup'", *in The New York Times*, edição de 07.07.2013, texto disponível em http://www.nytimes.com/2013/07/08/opinion/the-perils-of-a-peoples-coup.html?_r=0 [08.07.2013]; Shadi HAMID, "A future worse than Mubarak's reign", *in The New York Times*, edição de 14.08.2013, texto disponível em http://www.nytimes.com/roomfordebate/2013/08/14/is-this-the-end-of-the-arab-spring/a-future-worse-than-mubaraks-reign [16.08.2013].

marcada por tácticas repressivas reminiscentes do regime de Hosni Mubarak e revelou-se incapaz de promover um diálogo político inclusivo e de levar a cabo as necessárias reformas económicas[5]. Na Líbia, o governo tem tido grandes dificuldades em estabelecer a ordem e a segurança pública, como demonstrado pelo ataque terrorista ao consulado dos Estados Unidos em Benghazi, em Setembro de 2012, e debate-se com profundas divisões internas, regionais e étnicas, que fragilizam a sua autoridade e complicam substancialmente o processo constituinte em curso[6]. No Iémen, o ex-vice-presidente de Ali Abdullah Saleh foi o único candidato admitido às eleições presidenciais e o novo governo, extremamente frágil, tem de lidar com um cenário político muito fragmentado e violento, com uma revolta *shiita* no norte, um movimento de secessão no sul e o controlo de largas parcelas do território por poderosas milícias armadas[7]. Mesmo a Tunísia, que continua a ser a mais bem sucedida das transições democráticas iniciadas com a Primavera Árabe, enfrenta crescentes tensões políticas, alimentadas pela desconfiança face ao partido islamista no poder e pelo recente assassinato de um líder da oposição, para além de assistir a um recrudescimento da insatisfação popular, perante a ausência de reformas económicas e a inoperacionalidade das instituições[8]. Na verdade, o afastamento dos velhos déspotas na Tunísia, no Egipto, na Líbia e no Iémen não implicou o correspondente afastamento das elites políticas, económicas e militares de que estes se rodeavam, nem a eliminação das estruturas

[5] Cfr. Omar ASHOUR, "Egypt's new revolution puts democracy in danger", *in The Guardian*, edição de 07.07.2013, texto disponível em http://www.theguardian.com/commentisfree/2013/jul/07/ egypt-revolution-democracy-in-peril [08.07.2013]; Anthony DWORKIN, *The struggle for pluralism after the North African revolutions*, Londres, European Council on Foreign Relations, 2013, pp. 5-6 e 13-20.

[6] Cfr. Seth G. JONES, "The mirage of the Arab Spring: Deal with the region you have, not the region you want", *in Foreign Affairs*, vol. 92, n.º 1, 2013, p. 58; Emiliano ALESSANDRI e Nora Fisher ONAR, "The changing landscape of the Arab world...", *op. cit.*, p. 3; Anthony DWORKIN, *The struggle for pluralism after the North African revolutions*, *op. cit.*, pp. 6-7 e 31-36.

[7] Cfr. Seth G. JONES, "The mirage of the Arab Spring...", *op. cit.*, pp. 58-59.

[8] Cfr. Hafez GHANEM, "Will Tunisia Follow Egypt?", artigo de opinião publicado no *site* do Brookings Institute, em 25.07.2013, texto disponível em http://www.brookings.edu/research/opinions/ 2013/07/25-tunisia-egypt-democratic-reform-ghanem [27.07.2013]; Emiliano ALESSANDRI e Nora Fisher ONAR, "The changing landscape of the Arab world...", *op. cit.*, pp. 3-4; Anthony DWORKIN, *The struggle for pluralism after the North African revolutions*, *op. cit.*, pp. 6 e 23-30; Alfred STEPAN e Juan J. LINZ, "Democratization theory and the 'Arab Spring'", *in Journal of Democracy*, vol. 24, n.º 2, 2013, pp. 25-26.

estaduais e das redes de influência que eles haviam construído e em que haviam alicerçado o seu poder[9]. Os níveis de corrupção continuam elevados e as reivindicações populares de mais emprego, maior estabilidade e maior liberdade continuam em larga medida por satisfazer[10]. Por outro lado, as monarquias árabes saíram praticamente ilesas das suas primaveras, tendo conseguido silenciar a contestação popular com reformas políticas e económicas mais ou menos simbólicas e com a distribuição de benesses, em muitos casos, sob a influência e com o generoso patrocínio da Arábia Saudita[11]. Do mesmo modo, a Argélia, rica em recursos naturais, tem vindo a fazer concessões económicas – como o aumento dos salários dos trabalhadores do sector público e o levantamento de restrições à concessão de empréstimos bancários – para neutralizar os protestos e despolitizar os seus cidadãos, evitando, desse modo, a realização de genuínas reformas[12].

Todos estes desenvolvimentos são, sem dúvida, desanimadores, mas não justificam que declaremos o fracasso da Primavera Árabe e, muito menos, que concluamos que as populações do norte de África e do Médio Oriente são absolutamente incapazes de lidar com a democracia e estão, por isso, condenadas a viver sob regimes autoritários. É necessário ter perspectiva histórica. As revoltas populares de 2011 puseram em marcha processos de transformação social e política muito complexos, cujos efeitos demorarão vários anos, senão mesmo décadas, a fazer-se sentir. Como observa Anthony Dworkin, seria ingénuo – e falso em relação às experiências de democratização noutros lugares do mundo, incluindo o Ocidente – que esperássemos ter democracias estáveis e desenvolvidas passados apenas

---

[9] O que leva muitos comentadores a evitar o termo *revoluções* para designar os acontecimentos na Tunísia, no Egipto e na Líbia. Cfr. Toby DODGE, "Conclusion: The Middle East after the Arab Spring", *in* Nicholas Kitchen (ed.), *After the Arab Spring: Power shift in the Middle East?*, Londres, London School of Economics and Political Science, 2012, p. 64; Emiliano ALESSANDRI e Nora Fisher ONAR, "The changing landscape of the Arab world...", *op. cit.*, pp. 1-2.

[10] Cfr. Emiliano ALESSANDRI e Nora Fisher ONAR, "The changing landscape of the Arab world...", *op. cit.*, pp. 1-2. Mesmo depois das mudanças de regime, a região que compreende o norte de África e o Médio Oriente continua a ser a menos livre do mundo, com a Freedom House a calcular que 72% dos países e 85% das pessoas ainda carecem de direitos políticos e liberdades civis básicos. Cfr. Seth G. JONES, "The mirage of the Arab Spring...", *op. cit.*, p. 56.

[11] Cfr. Seth G. JONES, "The mirage of the Arab Spring...", *op. cit.*, pp. 57-58 e 60-61. Sobre o carácter meramente simbólico das reformas empreendidas em Marrocos, na sequência dos protestos populares de Fevereiro de 2011, cfr. Ahmed BENCHEMSI, "Morocco: Outfoxing the opposition", *in Journal of Democracy*, vol. 23, n.º 1, 2012, pp. 57-58.

[12] Cfr. Seth G. JONES, "The mirage of the Arab Spring...", *op. cit.*, p. 57.

INTRODUÇÃO

dois anos sobre a deposição de líderes autoritários que estiveram no poder durante décadas[13]. Se as nossas expectativas foram defraudadas, isso deve-se ao facto de serem expectativas irrazoáveis. Como sabemos por experiência própria, os processos de transição democrática são sempre longos, conturbados e violentos[14]. O optimismo expresso na designação *Primavera Árabe*, sendo porventura excessivo e reflexo de um certo eurocentrismo[15], não é, de resto, inteiramente descabido. Algo de extraordinário aconteceu no norte de África e no Médio Oriente em 2011. Ainda que o caminho a percorrer seja tortuoso, não parece ser possível voltar atrás[16]. As barreiras

[13] Cfr. Anthony DWORKIN, *The struggle for pluralism after the North African revolutions*, *op. cit.*, p. 10. Para uma análise muito crítica dos cépticos que afirmam o fim da Primavera Árabe e recordam com saudade a velha ordem autoritária, cfr. Sheri BERMAN, "The promise of the Arab Spring: In political development, no gain without pain", *in Foreign Affairs*, vol. 92, n.º 1, 2013, pp. 64-67. Em idêntico sentido, ver, ainda, o editorial do *The Economist*, edição de 13.07.2013, intitulado "Has the Arab Spring failed?".

[14] Basta atentar nas experiências francesa, italiana e alemã. Cfr. Sheri BERMAN, "The promise of the Arab Spring...", *op. cit.*, pp. 67-73. Cfr., igualmente, Emma BONINO, "The Arab Spring label is over. The Arab struggle for a better future is not", *in The Guardian*, edição de 25.07.2013, texto disponível em http://www.theguardian.com/commentisfree/2013/jul/25/arab-spring-label-future-west-democracy [25.07.2013].

[15] Ainda que seja muito evocativa aos ouvidos europeus, a designação *Primavera Árabe* sempre fez pouco sentido para os próprios árabes. Vale a pena notar que, para muitos árabes, a primavera é um conceito imaginado, porque estes só conhecem duas estações do ano – o inverno e o verão. No mundo árabe, a designação preferida para as revoltas populares é "despertar árabe" (*Arab awakening*). Outras designações têm vindo a ser propostas à medida que os acontecimentos no mundo árabe se revelam sempre mais complicados ("temporada árabe", "tempo árabe", "onda democrática árabe"), mas este é um exercício, em último termo, inútil, porque dificilmente conseguiremos captar numa simples fórmula o espírito do que está a acontecer no norte de África e no Médio Oriente. Cfr. Helena Pereira de MELO e Teresa Pizarro BELEZA, "Os direitos de participação política das mulheres na 'Primavera Árabe' vistos da Europa, no Verão de 2011", *in* Marcelo Rebelo de Sousa *et al.*, *Estudos de homenagem ao Prof. Doutor Jorge Miranda*, vol. II, Coimbra, Coimbra Editora, 2012, p. 926; Howard CHUA-EOAN, "Seasons in a turbulent year", *in Time*, edição de 26.12.2011, p. 33; Emma BONINO, "The Arab Spring label is over...", *op. cit.*; Tim MARSHALL, "'Arab Spring' is a misnomer", *in The Spectator*, edição de 12.10.2012, texto disponível em http://blogs.spectator.co.uk/coffeehouse/2012/10/arab-spring-is-a-misnomer/ [13.10.2012]; James L. GELVIN, "'Spring' uprisings are nothing new", *in The New York Times*, edição de 14.08.2013, texto disponível em http://www.nytimes.com/roomfordebate/2013/08/14/is-this-the-end-of-the-arab-spring/spring-uprisings-are-nothing-new [16.08.2013].

[16] Nesse sentido, cfr., entre outros, Joschka FISCHER, "Egypt after Morsi", *in Project Syndicate*, edição de 26.07.2013, texto disponível em http://www.project-syndicate.org/commentary/egypt-and-the-arab-world-after-morsi-by-joschka-fischer [27.07.2013]; Emma BONINO, "The

do medo foram derrubadas e as populações árabes tomaram consciência da força da rua e da existência de alternativas reais aos regimes autoritários[17].

Ainda é muito cedo para retirar quaisquer conclusões sobre a viabilidade dos processos de transição democrática em curso no mundo árabe. Estamos demasiado perto dos acontecimentos para compreender o seu significado em toda a sua complexidade, pelo que qualquer avaliação será sempre provisória[18]. Isto não obsta, naturalmente, a que reflictamos sobre os dados de que dispomos e que procuremos avaliar em que medida a comunidade internacional pode responder aos muitos desafios lançados pelas transformações a ocorrer no norte de África e no Médio Oriente. Foi com esse objectivo que, em Dezembro de 2011, o Direitos Humanos – Centro de Investigação Interdisciplinar, da Universidade do Minho, organizou uma conferência internacional, que reuniu académicos portugueses e estrangeiros e que contou com a participação de Sua Excelência o Embaixador da República do Egipto em Portugal, Hamdi Sanad Loza. Ao tempo, as principais preocupações dos observadores internacionais e dos protagonistas locais prendiam-se com a relutância dos militares egípcios em transferir o poder para líderes civis, com a ameaça de um "inverno islamista" em toda a região e com as irregularidades da intervenção militar da NATO na Líbia, à luz do Direito Internacional. A maioria dos alertas então lançados mantém inteira pertinência e actualidade – não há modelos nem roteiros democráticos que possam ser impostos do exterior às populações árabes, não é possível excluir os grupos islamistas do diálogo democrático e há que ter as maiores cautelas quando invocamos a *responsabilidade de proteger* para justificar uma intervenção militar internacional, sob pena de legitimarmos ingerências nos assuntos internos dos Estados, dirigidas, não à protecção das populações civis, mas à promoção de mudanças de regime.

Os textos reunidos neste livro correspondem, no essencial, ao conteúdo das comunicações proferidas no quadro da conferência internacional de Dezembro de 2011, ainda que a maioria tenha sido objecto de ulteriores

---

Arab Spring label is over...", *op. cit.*; H. A. HELLYER, "The chance for change in the Arab world: Egypt's uprising", *in International Affairs*, vol. 87, n.º 6, 2011, p. 1322; Kenneth M. POLLACK, "Understanding the Arab Awakening", *in* Kenneth M. Pollack *et al.*, *The Arab Awakening: America and the transformation of the Middle East*, Washington, The Brookings Institution, 2011, p. 7.

[17] Cfr. Alfred STEPAN e Juan J. LINZ, "Democratization theory and the 'Arab Spring'", *op. cit.*, p. 29; James L. GELVIN, "'Spring' uprisings are nothing new", *op. cit.*.

[18] Cfr. Kenneth M. POLLACK, "Understanding the Arab Awakening", *op. cit.*, p. 1.

desenvolvimentos e actualizações, como poderá verificar-se pelas datas de conclusão apostas no final de cada capítulo, que servem para localizar o leitor no horizonte temporal a que respeita a análise. Optámos por manter os textos na sua língua original – Português, Italiano e Inglês –, para assegurar a maior fidelidade possível à palavra dos respectivos autores. Pelo mesmo motivo, respeitámos a preferência dos autores dos textos em Língua Portuguesa no que respeita à observância ou inobservância das regras do Acordo Ortográfico em vigor.

A terminar esta introdução, cumpre-nos apresentar de forma muito breve os capítulos que se seguem e cuja ordem corresponde à sequência das comunicações apresentadas em Dezembro de 2011. Danilo Zolo fala-nos das implicações extremamente perniciosas da globalização para os direitos humanos, para a democracia e para a paz mundial, valores que estão a ser subalternizados aos interesses económicos e geoestratégicos das grandes potências, perante a incapacidade de reacção dos organismos e agências internacionais. Carlos Gaspar analisa as recentes intervenções militares na Líbia e no Mali (e a ausência de intervenção na Síria) à luz dos critérios definidos por Michael Walzer para a identificação das guerras justas e conclui que estas intervenções foram "limitadas, defensivas e necessárias" para garantir o *status quo* internacional, pelo que foram intervenções justas, ainda que se possa com bons motivos duvidar do seu carácter de intervenções humanitárias. Wladimir Brito dá-nos conta da evolução da ideia de "soberania como responsabilidade" no Direito Internacional, concluindo que os Estados já não podem escudar-se na sua soberania para escaparem impunes quando cometem atrocidades ou quando simplesmente descuram as suas populações, porque é precisamente essa soberania que os torna responsáveis, tanto no plano interno como no plano internacional, pela protecção das suas populações contra crimes de guerra e catástrofes de origem humana ou natural e que os incumbe de assegurar a essas populações *standards* mínimos em matéria de cuidados de saúde, educação, justiça, etc., ou seja, *segurança humana*. Abdullahi Ahmed An-Na'im explica-nos que é ilusório esperar que as revoltas no mundo árabe façam um percurso linear ou que repliquem modelos estrangeiros e diz-se preocupado com o papel que o Islão político poderá vir a desempenhar nos processos de transformação democrática em curso, atentas as graves implicações que certamente adviriam para os direitos humanos se a *Sharia* fosse imposta como lei estadual; ressalva, no entanto, que um tal risco não justifica a exclusão dos islamistas da vida política dos respectivos países, em que estes devem ser autorizados a participar desde que respeitem as regras constitucionais e os direitos humanos. Hamdi Sanad Loza observa que a designação *Primavera Árabe* não foi escolhida pelas populações da região e enuncia uma série de questões em aberto sobre a interpretação a dar aos acontecimentos de 2011, no Egipto, e sobre a avaliação a fazer da resposta da União Europeia e da comunidade internacional perante as convulsões no mundo árabe, atenta sobretudo a intervenção militar na Líbia e a ausência de reacção face aos confrontos na Síria. Pedro Carlos Bacelar de Vasconcelos sublinha a duplicidade da comunidade internacional na interpretação da sua responsabilidade de proteger perante as guerras civis na Líbia e na Síria e censura a forma excessivamente distante e céptica como a Europa tem vindo a encarar as transformações democráticas no sul do Mediterrâneo, lamentando o desperdício desta que é uma oportunidade histórica para superar velhos ressentimentos e construir uma relação sólida de confiança e de cooperação com os nossos vizinhos. José Manuel Pureza analisa a origem do conceito de *responsabilidade de proteger* e a evolução do seu alcance na última década, para, à luz deste enquadramento, avaliar se a intervenção da NATO na Líbia terá contribuído para reforçar ou fragilizar a figura, acabando por concluir que esta intervenção implicou um retrocesso na dinâmica evolutiva que o discurso sobre a responsabilidade de proteger vinha a registar desde 2005, na medida em que a protecção dos civis se revelou uma cobertura pouco convincente para uma operação de *regime change* e o dever de assistência da comunidade internacional no reforço da capacidade institucional do Estado foi completamente ignorado. Maria de Assunção do Vale Pereira também analisa a intervenção da NATO na Líbia, mas fá-lo por referência aos conceitos de *intervenção humanitária* e de *intervenção democrática*, para demonstrar que o que se passou na Líbia não pode ser enquadrado em nenhum destes conceitos, desde logo, por se ter tratado de uma intervenção autorizada pelo Conselho de Segurança, ainda que o mandato tenha sido claramente excedido; depois de elencar os muitos aspectos insólitos que rodearam a intervenção na Líbia, a autora conclui que qualquer destes tipos de intervenção militar unilateral – seja humanitária, democrática ou outra – é sempre inadequado à protecção dos direitos do homem. Por fim, no último capítulo, analisamos o modo como a retórica dos direitos humanos foi incorporada nos discursos dos protagonistas da Primavera Árabe – mais nos discursos "pós-revolucionários", do que nos discursos "revolucionários", na verdade –, chamando a atenção para a importância que os direitos humanos estão a ter no embate ideológico entre os partidos islamistas e os partidos secularistas sobre o lugar da *Sharia* nos novos textos constitucionais da Tunísia e do Egipto e também para o facto de esta abundância de referências aos direitos humanos, de parte a parte, não significar necessariamente que qualquer dos campos tenha destes direitos um entendimento semelhante ao que nós, no Ocidente, consideramos correcto.

Setembro de 2013

I diritti umani, la democrazia e la pace nell'era della globalizzazione

DANILO ZOLO

1. I diritti umani: una ideologia occidentale in declino

La tesi principale che intendo sostenere è la seguente: il processo storico che noi occidentali chiamiamo "globalizzazione" non favorisce il successo e la diffusione dei diritti umani fondamentali, a cominciare dal diritto alla vita. Per "globalizzazione" intendo la crescente espansione delle relazioni sociali fra gli esseri umani, dovuta anzitutto allo sviluppo tecnologico, alla rapidità dei trasporti e alla rivoluzione informatica[1]. In secondo luogo intendo sostenere che sta diventando problematica anche la conservazione e la difesa delle istituzioni democratiche tuttora esistenti in Occidente. E vorrei infine richiamare l'attenzione su un fenomeno ancora più allarmante: la paralisi del diritto internazionale e delle istituzioni internazionali di fronte al problema della guerra nel mondo. Aggiungo che a mio parere il diritto internazionale è sempre più condizionato a livello globale dagli interessi politici ed economico-finanziari delle grandi potenze, a cominciare dagli Stati Uniti d'America.

Nel 1948 gli autori della *Dichiarazione universale dei diritti umani* avevano attribuito a tutti i soggetti umani il diritto di vivere. Speravano di mettere fine alle pratiche violente del passato e di cancellare per sempre la tragedia

---

[1] Sul tema si può vedere il mio *Globalizzazione. Una mappa dei problemi*, Roma-Bari, Laterza, 2004; ed. brasiliana: *Globalização. Um mapa dos problemas*, Florianópolis, Conceito Editorial, 2010.

della seconda guerra mondiale[2]. Ma la formalizzazione del "diritto alla vita" non ha ottenuto il successo sperato. In particolare negli ultimi decenni non sono mancati fenomeni come la strage di migliaia di militari e di civili innocenti, il bombardamento a tappeto di intere città e l'uccisione sommaria di centinaia di persone ritenute responsabili di atti terroristici. A mio parere questa è la prova che il processo di globalizzazione tende a contraddire i principi affermati dalla *Dichiarazione universale dei diritti umani* e tende a cancellare il principio stesso del "diritto alla vita".

La *Dichiarazione universale* ha avuto il merito di rendere i diritti umani indivisibili e non confusamente separabili in diritti civili, politici, sociali[3]. Ma non si possono tacere nello stesso tempo i limiti del documento: inaccettabile è secondo me il suo preteso universalismo e nello stesso tempo l'individualismo tipicamente occidentale[4].

Nel corso del processo di globalizzazione l'insufficienza della *Dichiarazione universale* si è fatta sempre più evidente. Come da tempo dimostrano i rapporti di *Amnesty International*, la violazione dei diritti umani è un fenomeno di proporzioni crescenti. Il fenomeno riguarda un numero elevato di Stati, inclusi tutti gli Stati occidentali. Gli organismi e le agenzie incaricate di assicurare il rispetto dei diritti umani – anzitutto il Consiglio per i diritti umani delle Nazioni Unite[5] – mancano di qualsiasi potere esecutivo. Le loro decisioni vengono sistematicamente ignorate e disattese. Si pensi ai crimini commessi dagli Stati Uniti ad Abu Ghraib, a Bagram, a Guantánamo, a Falluja, senza dimenticare quelli commessi da Israele nei territori palestinesi, in particolare a Gaza con la strage del dicembre 2008-gennaio 2009. I responsabili di questi crimini contro l'umanità hanno goduto e godono tuttora della più assoluta impunità, anche grazie alla connivenza della Corte Penale Internazionale dell'Aja. Luigi Ferrajoli

---

[2] Si veda l'articolo 3 della *Dichiarazione universale dei diritti umani*: "Ogni individuo ha diritto alla vita, alla libertà e alla sicurezza della propria persona".

[3] Sul tema si può vedere T. H. MARSHALL, *Citizenship and Social Class and other essays*, Cambridge, Cambridge University Press, 1950.

[4] Vanno segnalate alcune lacune rilevanti: i diritti delle donne dimenticati, la pena di morte di fatto confermata, nessuna critica del colonialismo, nessun accenno alla necessità di una lotta contro la povertà.

[5] Il Consiglio è nato il 15 marzo 2006 con una risoluzione dell'Assemblea Generale ed è un suo organo sussidiario senza alcun potere vincolante. Hanno votato contro la risoluzione gli Stati Uniti, Israele, le Isole Marshall, Palau.

ha scritto autorevolmente: "L'età dei diritti è anche l'età della loro più massiccia violazione e della più profonda e intollerabile diseguaglianza"[6].

Bastano pochi dati per confermare drammaticamente il tramonto dell'"età dei diritti" nell'era della globalizzazione. L'Organizzazione Internazionale del Lavoro ha calcolato che tre miliardi di persone oggi vivono sotto il livello della povertà, fissato in due dollari di reddito al giorno[7]. John Galbraith, nella prefazione allo *Human Development Report* delle Nazioni Unite del 1998, aveva documentato che il 20% della popolazione mondiale più ricca si accaparrava l'86% di tutti i beni e servizi universalmente prodotti mentre il 20% più povero ne consumava soltanto l'1,3%. Oggi, dopo circa dieci anni, queste cifre sono purtroppo cambiate: il 20% della popolazione più ricca consuma il 90% dei beni prodotti, mentre il 20% più povero ne consuma l'1%[8]. E si è inoltre calcolato che il 40% della ricchezza del pianeta è posseduta dall'1% della popolazione mondiale[9], mentre le 20 persone più ricche del mondo dispongono di risorse pari a quelle del miliardo di persone più povere[10].

I dati forniti dalle Nazioni Unite mostrano inoltre che un miliardo di persone sopravvive in condizioni di "povertà assoluta" nei paesi economicamente più arretrati: circa una metà si trova in Asia meridionale, un terzo nell'Africa sub-sahariana e una quota di rilievo anche in America Latina[11]. Nell'ampia fascia di questi paesi un miliardo e 700.000 persone sono prive di accesso all'acqua potabile e si prevede che questa cifra raddoppierà entro il 2020. Ogni anno muoiono oltre 2 milioni di bambini per mancanza d'acqua o a causa dell'acqua insalubre che è responsabile dell'80% delle malattie epidemiche. La mancanza di acqua è inoltre la causa di una drastica diminuzione della produzione alimentare e di un aumento delle malattie legate alla denutrizione. Tra le conseguenze della fame e della

---

[6] Cfr. L. FERRAJOLI, "Diritti fondamentali e democrazia costituzionale", *in* P. Comanducci, R. Guastini (a cura di), *Analisi e diritto 2002-2003*, Torino, Giappichelli, 2004, p. 347.

[7] Cfr. International Labour Office, *Global Employment Trends*, Genève, Ilo, 2008, pp. 9-11.

[8] Cfr. L. GALLINO, *Globalizzazione e disuguaglianze*, Roma-Bari, Laterza, 2000, pp. 67-75.

[9] Cfr. F. RAMPINI, "Chi sono i ricchi e perché sono sempre più ricchi", *in la Repubblica*, 6 novembre 2011, pp. 32-33.

[10] Cfr. L. GALLINO, *Con i soldi degli altri*, Torino, Einaudi, 2009, p. 9.

[11] Si veda P. EKINS, *A New World Order: Grass Roots Movements for Global Change*, London, Routledge, 1992.

sete ci sono anche i 25.000 bambini che muoiono ogni giorno per malattie che sarebbero innocue per bambini ben nutriti[12].

Tutto ciò accade anche perché le grandi potenze praticano complesse strategie nelle quali si sovrappongono la competizione mercantilistica fra gli Stati, il regionalismo economico e il protezionismo settoriale. Un esempio agghiacciante è stato recentemente fornito da Luciano Gallino: le aree agricole regionali sono state cancellate dalla faccia della terra – dall'India all'America Latina, dall'Africa all'Indonesia e alle Filippine – e sono state sostituite da immense monoculture. I contadini e le loro famiglie, espulsi dai loro campi, si rifugiano negli sterminati *slums* urbani del pianeta. Molto spesso si uccidono perché non riescono a pagare i debiti che hanno fatto nel tentativo di acquistare le sementi e i fertilizzanti ai prezzi imposti dalle *corporations* europee e statunitensi dell'agro-business. In India, tra il 1995 e il 2006, vi sono stati almeno duecentomila suicidi di piccoli coltivatori[13]. Fenomeni non diversi sono presenti anche in Cina.

2. Una democrazia senza futuro

Se per democrazia intendiamo un regime nel quale la maggioranza dei cittadini è in grado di controllare i meccanismi della decisione politica e di condizionare i processi decisionali, allora è legittimo pensare che oggi la democrazia è in grave crisi. Come già nel secolo scorso Max Weber e Joseph Schumpeter avevano intravisto, le stesse nozioni di "rappresentanza", di "sovranità popolare" e di "interesse collettivo" sono ormai dogmi illuministici senza alcun rilievo politico e lontanissimi dalla cultura popolare[14].

È inoltre molto incerto che cosa si debba intendere oggi per "partiti politici". Come Leslie Sklair ha sostenuto e Luciano Gallino ha documentato, le democrazie operano ormai come dei regimi dominati dalla

---

[12] Cfr. L. GALLINO, *Con i soldi degli altri, op. cit.,* pp. 8-9.

[13] Si veda L. GALLINO, "Così l'Occidente produce la fame nel mondo", *in La Repubblica,* 10 maggio 2008.

[14] E ciò accade nonostante che si tratti di principi fatti propri qualche decennio fa, nella scia di Weber e di Schumpeter, da teorici autorevoli come Hans Kelsen, Giovanni Sartori, Raymond Aron, Robert Dahl, Norberto Bobbio. Si veda H. KELSEN, *La democrazia,* Bologna, il Mulino, 1955; G. SARTORI, *Democrazia e definizioni,* Bologna, il Mulino, 1957; R. ARON, *Démocratie et totalitarisme,* Paris, Gallimard, 1965; J. PLAMENATZ, *Democracy and Illusion,* London, Longman, 1973; N. BOBBIO, *Il futuro della democrazia,* Torino, Einaudi, 1984; R. DAHL, *Democracy and Its Critics,* New Haven, Yale University Press, 1989.

cosiddetta "nuova classe capitalistica transnazionale". Essa controlla i processi di globalizzazione dall'alto delle torri di cristallo di metropoli come New York, Washington, Londra, Francoforte, Nuova Delhi, Shanghai[15]. In questo contesto il sistema dei partiti politici è in notevole difficoltà. I partiti non sono più dei veicoli della rappresentanza politica, sostenuti dai propri militanti ed elettori. Ormai al centro della vita democratica si erge trionfante lo schermo televisivo, attraverso il quale i leader politici si rivolgono ai cittadini mettendo in mostra, secondo precise strategie di *marketing* televisivo, i "prodotti" che intendono vendere. Attraverso circuiti occulti i partiti distribuiscono ai propri collaboratori risorse finanziarie, vantaggi e privilegi economici e politici[16].

Oltre a questo, analisi attendibili mettono in luce sempre più chiaramente la logica *bipartisan* che induce i partiti politici ad accordarsi fra di loro su tutto ciò che è essenziale per la loro stabilità in quanto facoltosi apparati burocratici. Un esempio clamoroso è l'imponente auto-finanziamento dei partiti, del tutto sottratto a qualsiasi controllo o sanzione[17]. E lo stretto rapporto di solidarietà collettiva è tale che consente all'insieme dei partiti di porsi in concorrenza con gli altri soggetti della poliarchia nazionale. Si pensi, per quanto riguarda l'Italia, a strutture di potere che non è esagerato chiamare "quasi-statali": la mafia, la n'drangheta calabrese, la camorra, i trafficanti di droga, le grandi banche d'affare, le compagnie di assicurazione e, non ultimi, i servizi segreti. In sintonia con questi soggetti "pubblico-privati" la maggioranza dei partiti opera al di fuori del sistema politico e, talora, contro l'ordinamento giuridico. Si pensi – sempre con riferimento all'Italia – alla fitta rete degli appalti pubblici, che opera come la casa madre miliardaria della corruzione e della concussione di leader politici, funzionari pubblici e *managers*.

---

[15] Si veda L. SKLAIR, *The Transnational Capitalist Class*, Oxford, Blackwell, 2001; L. SKLAIR, "The end of capitalist globalization", *in* M. B. Steger (a cura di), *Rethinking Globalism*, Maryland, Rowman and Littlefield, 2004, pp. 39-49; L. SKLAIR, "The globalization of human rights", *in Journal of Global Ethics*, vol. 5, n. 2, 2009, pp. 81-96; L. GALLINO, *Con i soldi degli altri, op. cit.*, pp. 123-140.

[16] Cfr. N. LUHMANN, *Politische Planung*, Opladen, Westdeutscher Verlag, 1971, particolarmente alle pp. 9-45, 53-89.

[17] Rinvio al mio saggio "Il 'doppio Stato' e l'autoreferenza del sistema dei partiti", in D. ZOLO, *Complessità e democrazia*, Torino, Giappichelli, 1987, pp. 137-153.

Occorre aggiungere che l'opinione pubblica non dispone di fonti di informazione indipendenti dal sistema telecratico mondiale. I poteri informatici locali sono connessi alla struttura internazionale dell'industria multimediale. Le *corporations* transnazionali che monopolizzano l'emittenza televisiva sono in maggioranza insediate negli Stati Uniti: fra queste Time Warner, Disney, Bertelsmann, Viacom, News Corporation, Sony, Fox. La comunicazione pubblicitaria diffonde in tutto il mondo messaggi simbolici fortemente suggestivi che esaltano la ricchezza, il consumo, lo spettacolo, la competizione, il successo, la seduzione del corpo femminile. Gli impulsi acquisitivi di chi riceve i messaggi vengono così stimolati secondo gli interessi dell'economia capitalistica ormai dominante a livello globale[18].

La mia opinione è che i processi di globalizzazione rendono sempre più improbabile la conservazione dei delicati meccanismi della democrazia. Essi vengono sostituiti da forme di esercizio del potere che sono concentrate nelle mani di pochi esperti senza scrupoli. Il potere esecutivo – il parlamento è ormai privo di funzioni autonome – si sostituisce a quella che un tempo era la volontà del "popolo sovrano". Di conseguenza è assente la partecipazione attiva dei cittadini e decade il loro senso di appartenenza ad una comunità civile e democratica.

Oltre a ciò, il processo di globalizzazione ha posto in crisi le strutture del *Welfare state* e ha favorito la nascita di regimi che, pur sventolando ancora la bandiera della democrazia, sono in realtà oligarchie elitarie, tecnocratiche e repressive. Sono regimi orientati alla pura efficienza economico--finanziaria, al benessere della classe dominante e alla discriminazione dei cittadini non abbienti, in particolare dei migranti, trattati non di rado come "barbari invasori".

In questo quadro, il processo di globalizzazione aggrava ulteriormente gli squilibri sociali non risolti dal *Welfare state*. La competizione globale impone la concorrenza soprattutto nei settori produttivi più deboli, a

---

[18] In particolare nell'ultimo decennio il processo di integrazione comunicativa è stato talmente intenso e rapido che ha legittimato l'idea di un "globalismo cibernetico" capace di mettere in rete il mondo, e cioè di avvolgerlo in una fitta trama di connessioni informative e comunicative, non escluse le reti di monitoraggio e spionaggio cibernetico-satellitare a fini sia industriali che militari. Ne sono un esempio Echelon e l'accordo Uk-Usa, che integra le agenzie di spionaggio elettronico dei cinque principali paesi anglofoni. La tappa successiva, già largamente avviata, non potrà che essere l'industrializzazione e la militarizzazione informatica dello spazio extraterrestre.

cominciare dalla forza-lavoro. Il lavoro dipendente è ormai scarso, precario, segmentato, poco retribuito, anche a causa della concorrenza di paesi caratterizzati da un eccesso di forza-lavoro e da una scarsa protezione dei lavoratori[19].

Ai processi di globalizzazione corrisponde nella maggioranza dei paesi occidentali una profonda trasformazione delle politiche penali e repressive: una trasformazione per la quale Loïc Wacquant ha coniato l'espressione: "dallo Stato sociale allo Stato penale"[20]. Gli Stati occidentali accordano un'importanza crescente alla difesa poliziesca delle persone e dei loro beni. E l'amministrazione penitenziaria tende a occupare spazi sempre più ampi. Si ritiene infatti che il carcere sia lo strumento più efficace per far fronte agli sconvolgimenti causati dallo smantellamento dello Stato sociale e dall'insicurezza sociale che investe sempre più i soggetti deboli ed emarginati.

Un caso esemplare è rappresentato dalle politiche penali e penitenziarie praticate negli Stati Uniti nell'ultimo trentennio e, con un leggero ritardo, anche dalla Gran Bretagna e da altri paesi europei, l'Italia compresa. Gli Stati Uniti occupano di gran lunga il primo posto nell'incarcerazione di un numero crescente di detenuti. Dal 1980 ad oggi la popolazione penitenziaria si è più che triplicata, raggiungendo nel 2007 la cifra di oltre 2.300.000 detenuti[21]. Per ora non ci sono dati ufficiali sulla diffusione del suicidio in carcere.

3. Un pacifismo al tramonto violare
Per quanto riguarda la pace, la mia opinione è che essa non è mai stata così apertamente violata dalle istituzioni internazionali e senza alcun rispetto del diritto internazionale, scritto e consuetudinario. Nel contesto del processo di globalizzazione la guerra di aggressione è stata sempre più legalizzata e "normalizzata" come una "guerra giusta". Le grandi potenze occidentali hanno dichiarato di usare la guerra come uno strumento

---

[19] Si veda G. GAREFFI, M. KORZENIEWICZ, R. P. KORZENIEWICZ, *Commodity Chains and Global Capitalism*, Westport, Greenwood Press, 1994; R. JENKINS, *Transnational Corporations and Uneven Development*, London, Methuen, 1987.

[20] Si veda L. WACQUANT, *Les prisons de la misère*, Paris, Editions Raisons d'Agir, 1999; trad. it. Milano, Feltrinelli, 2000.

[21] Si veda L. RE, *Carcere e globalizzazione. Il boom penitenziario negli Stati Uniti e in Europa*, Roma-Bari, Laterza, 2006.

essenziale per diffondere i diritti umani e la democrazia in tutto il mondo. E per garantire un futuro di pace esse ricorrono alla *war on terrorism,* estesa quasi in ogni angolo del pianeta[22]. Negli ultimi vent'anni le istituzioni internazionali, anzitutto il Consiglio di Sicurezza delle Nazioni Unite e la Corte penale internazionale, hanno assecondato senza scrupoli la politica bellica degli Stati Uniti e dei loro alleati.

La produzione e il traffico delle armi da guerra, incluse quelle nucleari e spaziali, è ormai fuori dal controllo della cosiddetta "comunità internazionale" e delle sue istituzioni. E l'uso delle armi dipende dalla "decisione di uccidere" che viene presa da autorità statali e non statali secondo le loro convenienze strategiche, di carattere non solo politico ma anche e soprattutto di carattere economico. Sentenze di morte collettiva sono state emesse al di fuori di qualsiasi procedura giudiziaria contro migliaia di persone non responsabili di alcun illecito penale, né di alcuna colpa morale. La morte, la tortura, il terrore sono ingredienti di una cerimonia che non suscita più alcuna emozione. Il patibolo globale offre uno spettacolo quotidiano così scontato e ripetitivo da essere ormai stucchevole per le grandi masse televisive.

Il fallimento del pacifismo autocratico delle Nazioni Unite e dei Tribunali penali internazionali *ad hoc,* istituiti per volontà degli Stati Uniti, è sotto gli occhi di tutti. Per provarlo sarebbe sufficiente una rapida rassegna delle guerre di aggressione scatenate dalle potenze occidentali a partire dai primi anni novanta del secolo scorso. Si tratta di guerre che possono essere definite "terroristiche" per la violenza sanguinaria con cui sono state condotte o che vengono tuttora condotte. Iniziata nel 2001, la guerra in Afghanistan è ancora in corso per volontà del presidente americano Barack Obama, Premio Nobel per la pace[23]. Ma si tratta di "guerre terroristiche" anche perché sono state la causa della replica terroristica da parte di paesi islamici che sono stati aggrediti, martoriati, militarmente occupati.

---

[22] Sul tema si veda R. PAPE, *Dying to Win: The Strategic Logic of Suicide Terrorism,* New York, Random House, 2005; trad. it. Bologna, Il Ponte, 2007.

[23] Nell'arco di un ventennio le guerre di aggressione in ambito occidentale e mediorientale hanno coinvolto l'Iraq (1991), la Serbia, l'Afghanistan, di nuovo l'Iraq (2003), il Libano, i territori palestinesi, la Libia, solo per citare gli eventi bellici più rilevanti. In queste guerre, condotte in nome di valori universali, nessuna limitazione "umanitaria" degli strumenti bellici è stata praticata.

Si può pertanto sostenere che oggi il terrorismo è un nuovo tipo di guerra, è il cuore della "guerra globale" che è stata scatenata dal mondo occidentale. E il terrorismo è una delle ragioni del diffondersi nel mondo occidentale dell'insicurezza e della paura. Nel solco della globalizzazione il tramonto dei diritti umani e della democrazia coincide con il tramonto della solidarietà e dell'apertura al dialogo con i "diversi". È un tramonto globale che oscura il nobile sogno di Norberto Bobbio: il sogno di un mondo unificato, pacificato e governato da una sola autorità sovranazionale[24].

Se questa chiave di lettura può essere accolta, allora è lecito sostenere che la guerra del Golfo del 1991 e le guerre successive scatenate contro la Repubblica Federale Jugoslava, l'Afghanistan, l'Iraq, il Libano, la Palestina e la Libia, hanno segnato il trionfo della simulazione "umanitaria" nell'uso terroristico del potere militare. In particolare le guerre condotte dalla NATO prima contro la Repubblica Federale Jugoslava e poi contro la Libia possono essere assunte come l'archetipo della guerra di aggressione terroristica, abilmente coperta sotto le vesti della guerra umanitaria. Si è trattato in realtà di guerre di aggressione dirette a realizzare un progetto neo-imperialistico di egemonia globale sul terreno politico, militare e soprattutto economico.

L'erosione dei diritti umani, della democrazia e della pace è dunque l'esito di un processo globale voluto dalle potenze occidentali oltre che garantito dalle istituzioni economico-finanziarie che stanno compromettendo le basi stesse della sussistenza dell'uomo.

4. Conclusione

Concludo chiedendo a me stesso e a chi mi ascolta se è possibile intravedere qualche soluzione per le tragedie che insanguinano il mondo. Non posso non pensare alle migliaia di bambini che ogni giorno muoiono perché denutriti, alle centinaia di migliaia di piccoli coltivatori suicidi, alla discriminazione spietata fra ricchi e poveri, fra potenti e deboli, fra noi e gli "altri". Penso alla rovina delle istituzioni democratiche e alla depressione delle nuove generazioni prive di solidarietà comunitaria e di futuro.

---

[24] Nel 1990 Norberto Bobbio aveva scritto che: "Diritti dell'uomo, democrazia e pace sono tre momenti necessari dello stesso movimento storico: senza diritti dell'uomo riconosciuti o protetti non c'è democrazia; senza democrazia non ci sono le condizioni minime per la soluzione pacifica dei conflitti". Cfr. N. BOBBIO, *L'età dei diritti*, Torino, Einaudi, 1990, p. VII.

E penso alla Libia devastata dai feroci bombardamenti della NATO e alla guerra decennale tuttora in corso in Afghanistan.

Devo confessare, per quello che vale la mia confessione, che non sono in attesa di un mondo migliore. I diritti umani, la democrazia e la pace stanno tramontando tra le fitte nubi della globalizzazione e delle guerre terroristiche che trascina con sé. Io non sono un ottimista, come non lo era Norberto Bobbio. Il mio pessimismo non mi consente di intravedere un filo di luce all'orizzonte. E tuttavia non dimentico la massima alla quale Bobbio si era comunque ispirato: "Qualche volta è accaduto che un granello di sabbia sollevato dal vento abbia fermato il motore di una macchina. Anche se ci fosse un miliardesimo di miliardesimo di probabilità che il granello sollevato dal vento vada a finire negli ingranaggi del motore e ne arresti il movimento, la macchina che stiamo costruendo è troppo mostruosa perché non valga la pena di sfidare il destino"[25].

E dunque anch'io non nego che valga la pena di lottare *in extremis* e di sfidare il destino.

Dicembre 2011

---

[25] Cfr. N. BOBBIO, *Il problema della guerra e le vie della pace*, Bologna, il Mulino, 1984, pp. 94-95.

Os limites da intervenção

CARLOS GASPAR

Desde o fim da Guerra Fria, as intervenções humanitárias deixaram de ser a excepção e passaram a ser a regra. Com efeito, as democracias ocidentais encontraram nessa forma de intervenção não só a forma de legitimar as missões militares necessárias para manter a estabilidade internacional, como um princípio congruente com os seus valores e a sua ideologia universalista e mesmo como um instrumento crucial para transcender o paradigma westphaliano e edificar uma ordem alternativa.

Com efeito, nos últimos vinte anos, os Estados Unidos e os seus aliados multiplicaram as intervenções externas, em nome da defesa dos direitos humanos e da democracia. Entre a protecção da minoria curda no Iraque e a defesa das minorias islâmicas na Bósnia e no Kosovo, entre a imposição dos resultados do *referendum* em Timor-Leste e a deposição dos tiranos locais no Iraque e na Líbia, entre a promoção da democracia no Afeganistão e a restauração da ordem na Serra Leoa, na Costa do Marfim ou no Mali, as intervenções humanitárias tornaram-se na nova "doutrina da comunidade internacional", baptizada pelo Primeiro-Ministro Tony Blair no Economic Club de Chicago, em 24 de Abril de 1999, durante a Guerra do Kosovo.

Os liberais cosmopolitas descobriram nas intervenções humanitárias o meio de realizar a justiça internacional e impor, se necessário pela força das armas, o respeito pelos direitos humanos e pretendem institucionalizar a "Responsabilidade de Proteger" como uma norma jurídica que obrigaria a "comunidade internacional" e os Estados a multiplicar as suas intervenções militares *urbi et orbi* contra todos os malfeitores autoritários.

Os neo-conservadores e, em geral, os defensores do "internacionalismo democrático", reconhecem nas afinidades entre os "príncipes republicanos" a garantia da paz e querem impor esse princípio, se necessário pela força das armas, como o fundamento de uma nova ordem liberal em que só as democracias devem ser reconhecidas como soberanias plenas. Contra a justiça e a democracia, os velhos e os novos "soberanistas", incluindo não só a China e a Rússia, mas também a Índia ou o Brasil, não têm nada para justificar a sua passividade perante o caos, a anarquia e a violência recorrentes nas periferias dos antigos impérios, a não ser a defesa dos seus interesses egoístas.

Porém, a transição internacional, entre o retraimento dos Estados Unidos e o declínio europeu, está a pôr à prova a banalização das intervenções humanitárias, que marcou as duas últimas décadas. Entre a Líbia, a Síria e o Mali, os limites e a natureza das intervenções democráticas estão a tornar-se mais claros.

As regras de Walzer

O quadro de referência teórico que define as regras da intervenção humanitária foi elaborado por Michael Walzer, em 1977, no seu tratado sobre a guerra justa[1].

Durante a Guerra Fria, a soberania dos Estados e a proibição das intervenções externas ainda eram princípios do Direito internacional. O princípio da não-intervenção foi proclamado, pela primeira vez, pela Constituição revolucionária de 1793: o Povo francês "não interfere no governo das outras nações e não tolera a interferência de outras nações no seu governo"[2]. A sua consagração solene marcou o início de um novo ciclo de intervenções das grandes potências nos "assuntos internos" dos outros Estados, que justificou a fórmula de Talleyrand sobre o princípio de não-intervenção – "C'est un mot métaphysique et politique qui signifie à peu près la même chose qu'intervention". O tempo confirmou a pertinência da sua definição, sem prejuízo de o Pacto da Sociedade das Nações ou de a Carta das Nações Unidas reiterarem o princípio de não-intervenção como uma regra sagrada.

---

[1] Cfr. Michael WALZER, *Just and Unjust Wars*, Harmondsworth, Penguin, 1977.
[2] Nos artigos 118.º e 119.º: "Le Peuple français est l'ami et l'allié naturel des peuples libres. Il ne s'immisce point dans le gouvernement des autres nations; il ne souffre pas que les autres nations s'immiscent dans le sien".

Michael Walzer teve dificuldade em encontrar casos de intervenções humanitárias no meio das numerosas intervenções da Guerra Fria. Escolheu três: a invasão do Paquistão Ocidental pela Índia, que acabou com os massacres perpetrados pelo Exército paquistanês contra os Bengalis e precipitou a criação do Bangla-Desh, em 1971; a invasão do Cambodja pelo Vietnam para pôr termo ao regime genocida dos Khmer Rouge, em 1979; a invasão do Uganda pela Tanzania, também em 1979, que derrubou Idi Amin Dada, um tirano canibal. Os três casos são admiráveis pela convergência perfeita entre os interesses do Estado e a protecção das populações: a Índia derrotou o seu principal adversário e forçou a divisão do Paquistão; o Vietnam neutralizou um regime comunista rival, apoiado pela China, para consolidar a sua supremacia na Indochina; a Tanzania substituiu um regime perturbador e perigoso por outro mais aceitável. Em qualquer dos três casos, é difícil decidir qual foi o motivo que prevaleceu na decisão de intervir – a vontade de proteger populações ou a necessidade de proteger os interesses estratégicos do Estado: na frase irónica do teórico da guerra justa, "circumstances sometimes make saints of all of us"[3].

Na teoria da guerra justa, as intervenções externas – a interferência de um Estado nos assuntos internos doutro Estado – são consideradas como excepções ao "paradigma legalista". Para Walzer, há três casos em que a "fronteira da soberania" pode ser transposta: em primeiro lugar, em defesa do direito de auto-determinação para apoiar movimentos secessionistas que demonstraram a sua representatividade; em segundo lugar, para responder e contra-balançar a prévia intervenção de outras potências; e, em terceiro lugar, para resgatar populações em risco de serem massacradas[4].

---

[3] Em 1977, o único caso disponivel era o Bangla-Desh, e o Cambodja e o Uganda foram acrescentados mais tarde. Cfr. Michael WALZER, *Just and Unjust Wars, op. cit.*, p. 105; Michael WALZER, "The Triumph of Just War Theory", *in* Michael Walzer, *Arguing about War*, New Haven, Yale University Press, 2004, pp. 3-22.

[4] Segundo a formulação completa: "When a particular set of boundaries clearly contains two or more political communities, one of which is already engaged in a large scale military struggle for independence, that is, when what is at issue is secession or 'national liberation'. When the boundaries have already been crossed by the armies of a foreign power, even if the crossing has been called for by one of the parties in a civil war, that is, when what is at issue is counter-intervention. When the violation of human rights within a set of boundaries is so terrible that it makes talk of community or self-determination or 'arduous struggle' seem cynical or irrelevant, that is, in cases of enslavement or massacre". Cfr. Michael WALZER, *Just and Unjust Wars, op. cit.*, p. 90 (aspas no original).

A intervenção humanitária é um dos casos de intervenção legítima. Na definição de Walzer, uma "intervenção humanitária justifica-se quando é uma resposta (com uma razoável expectativa de sucesso) a actos que chocam a consciência moral da humanidade"[5], isto é, a boa consciência das pessoas. A sua legitimidade depende da existência de uma justa causa, da previsão do sucesso e do princípio da proporcionalidade, bem como do respeito por três condições adicionais que definem a recta intenção, o modo de intervenção e as suas consequências: o motivo principal da intervenção deve ser salvar as pessoas de um massacre, a intervenção precisa de obter o consentimento das comunidades em risco e as tropas estrangeiras devem sair do território logo a seguir à sua intervenção, sem querer impor uma solução política[6].

Essa definição é deliberadamente restritiva, como fica demonstrado na discussão dos três casos de intervenção humanitária durante a Guerra Fria. Desde logo, Walzer reconhece que não há intervenções humanitárias puras: as motivações dos Estados que decidem intervir são sempre "motivações mistas", embora a vontade de proteger as populações deva ser a motivação mais importante[7]. Por outro lado, sublinha que as intervenções humanitárias são excepcionais e devem seguir as regras de imparcialidade e de neutralidade típicas da não-intervenção, incluindo o respeito pela causa dos oprimidos, mesmo se esta não for justa, bem como pela autonomia local: "Intervention should be as much as non-intervention as possible"[8]. Por último, o Estado responsável pela intervenção humanitária não pode reclamar qualquer "prerrogativa política" para si próprio, muito menos impor um novo regime, pois se o fizesse todos suspeitariam que essa era a sua motivação desde o princípio[9].

No essencial, Walzer defende uma teoria minimalista da intervenção humanitária. Por certo, em textos posteriores[10], admite excepções à regra

---

[5] Cfr. Michael WALZER, *Just and Unjust Wars*, *op. cit.*, p. 107.

[6] As condições de Michael Walzer não incluem a autorização por uma instância formalmente competente e, na sua opinião, a moralidade não obsta a uma intervenção unilateral se não houver outra alternativa disponível: deve intervir qualquer Estado que o possa fazer. Cfr. Michael WALZER, *Just and Unjust Wars*, *op. cit.*, pp. 105, 107.

[7] Cfr. Michael WALZER, *Just and Unjust Wars*, *op. cit.*, p. 101.

[8] Cfr. Michael WALZER, *Just and Unjust Wars*, *op. cit.*, p. 105.

[9] Cfr. Michael WALZER, *Just and Unjust Wars*, *op. cit.*, p. 105.

[10] Cfr. Michael WALZER, *Just and Unjust Wars*, Nova York, Basic Books, 2000 e 2006; Michael WALZER, *Thinking Politically*, New Haven, Yale University Press, 2004 e 2007.

da saída imediata das forças invasoras, como parte da construção de um *jus post-bellum*, em que se reconhecem as virtudes antigas da tutela (os responsáveis pela intervenção devem governar) e do protectorado (os responsáveis pela intervenção devem proteger as autoridades locais contra ameaças internas e externas)[11], além de constatar a inevitabilidade da deposição dos tiranos como consequência de uma intervenção humanitária – "It isn't only aggressiveness but also murderousness that makes a political regime a candidate for forcible transformation"[12]. No entanto, o sentido geral da sua posição não se altera: a soberania é o princípio fundamental da ordem internacional, a mudança de regime pode ser uma consequência mas não a razão justificativa de uma intervenção humanitária, a imposição da democracia é razoável nessas circunstâncias sem ser uma finalidade legítima da transposição das fronteiras de um Estado.

Nesse contexto, a critica de Walzer à intervenção na Líbia só surpreendeu os que conhecessem menos bem os seus textos e é um ponto de partida obrigatório para rever os critérios da intervenção humanitária nas crises da Líbia, da Síria e do Mali.

A Líbia, a Síria e o Mali

A intervenção internacional na Líbia tem sido apresentada como um sucesso e até como o caso exemplar da intervenção humanitária, quer pelos responsáveis políticos[13], quer pelos principais especialistas em intervenções humanitárias[14].

---

[11] Cfr. Michael WALZER, "The Argument about Humanitarian Intervention", *in Dissent*, vol. 49, n.º 1, 2002, pp. 29-37. Ver também Terry NARDIN, "From Right to Intervene to Duty to Protect: Michael Walzer on Humanitarian Intervention", *in European Journal of International Law*, vol. 24, n.º 1, 2013, pp. 67-82.

[12] Cfr. Michael WALZER, "Regime Change and Just War", *in Dissent*, vol. 53, n.º 3, 2006, pp. 103-108.

[13] Cfr., Barack OBAMA, David CAMERON, Nicolas SARKOZY, "Libya's Pathway to Peace", *in New York Times*, edição de 24 de Abril de 2011; Ivo DAALDER e James STAVRIDIS, "NATO's Victory in Libya. The Right Way to Run an Intervention", *in Foreign Affairs*, vol. 91, n.º 2, 2012.

[14] Cfr. Alex BELLAMY, "Libya and the Responsability to Protect: The Exception and the Norm", *in Ethics and International Affairs*, vol. 25, n.º 3, 2011; James PATTISON, "The Ethics of Humanitarian Intervention in Libya", *in Ethics and International Affairs*, vol. 25, n.º 3, 2011. Ver também Jon WESTERN e Joshua GOLDSTEIN, "Humanitarian Intervention Comes of Age", *in Foreign Affairs*, vol. 90, n.º 6, 2011, pp. 48-59; Eric WESTERVELD, "NATO's Intervention in Libya: A New Model?", *in NPR Report*, 12 de Setembro de 2012.

A história da intervenção líbia é bem conhecida: perante o risco de massacre das populações de Benghazi e da Cirenaica por forças leais a Gaddafi, o Conselho de Segurança das Nações Unidas, invocando, pela primeira vez, o princípio da "Responsabilidade de Proteger", aprovou a Resolução 1973 de 20 de Março de 2011 e mandatou a Organização do Tratado do Atlântico Norte (OTAN) para intervir por todos os meios necessários. A Rússia e a China, bem como a Índia, o Brasil e a Alemanha, inicialmente contra a intervenção, acabaram por se abster na votação, em que Portugal, apesar das suas reservas, alinhou com os Estados Unidos, o Reino Unido e a França. O Presidente Nicolas Sarkozy e o Primeiro-Ministro David Cameron estiveram na vanguarda da intervenção e puderam contar com o apoio da Liga Árabe, que se manifestou a favor de uma "zona de interdição aérea" e fez apelo à intervenção ocidental. A Operation Unified Protector foi a primeira missão militar da OTAN comandada pela França e pelo Reino Unido, com o apoio operacional dos Estados Unidos, da Bélgica, do Canadá, da Dinamarca, da Itália e da Noruega[15]. O Qatar e os Emiratos Árabes Unidos, parceiros da OTAN no quadro da Iniciativa de Cooperação de Istambul, decidiram participar também na intervenção militar. Nos seis meses seguintes, os aliados ocidentais e os seus parceiros árabes travaram uma guerra aérea contra as forças de Gaddafi e, em Outubro, asseguraram a sua deposição e a vitória do Conselho Nacional da Líbia, sem baixas nas forças internacionais, sem intervenção de tropas terrestres e sem ocupação do território por forças estrangeiras.

A crítica de Michael Walzer à intervenção na Líbia começa por sublinhar a ausência de uma justa causa, dada a inexistência de um massacre que justificasse uma intervenção humanitária[16]. Por outro lado, a forma como os aliados ocidentais decidiram intervir, depois de terem reconhecido o Conselho Nacional da Líbia, mostra a sua intenção de mudar o regime político na Líbia, contra o cânone liberal. Com efeito, Walzer

---

[15] A Bulgária, a Grécia, a Holanda, a Roménia, a Espanha e a Turquia não participaram nas operações militares, mas contribuíram com meios militares aéreos ou navais para a Operation Unified Protector. Os restantes membros da Aliança, incluindo a Alemanha e Portugal, não participaram na intervenção da OTAN na Líbia. Cfr. Sten RYNNING, "Coalitions, institutions and big tents: The new strategic reality of armed intervention", *in International Affairs*, vol. 89, n.º 1, 2013, pp. 62-63.

[16] Cfr. Michael WALZER, "The Case Against Our Attack on Libya", *in New Republic*, edição de 20 de Março de 2011.

defende, com John Stuart Mill, que os sujeitos de um tirano só se podem tornar cidadãos de uma república se conseguirem tomar o poder pelas suas próprias forças. Essa regra só pôde ser violada por conta e risco da coligação ocidental, cuja responsabilidade por assegurar a estabilidade na Líbia depois do conflito resulta de terem levado ao poder o Conselho Nacional, incapaz de derrubar o tirano sem uma intervenção externa. Por último, os Estados Unidos e os seus aliados europeus nada fizeram para assegurar uma intervenção militar autónoma do Egipto e da Tunisia, os Estados vizinhos em vias de democratização, cujas forças armadas tinham todos os meios necessários para proteger as populações líbias em perigo. Os Estados Unidos evitaram estar na primeira linha da intervenção, no quadro da nova doutrina do Presidente Barack Obama, mas não é evidente reconhecer a França e o Reino Unido como os principais responsáveis pela segurança e pela estabilidade da Líbia e do Norte de África.

Os argumentos de Walzer são pertinentes e invalidam a definição da intervenção da OTAN na Líbia como um caso exemplar de intervenção humanitária, mesmo quando as suas críticas ainda não incluíam as consequências externas da intervenção na Líbia, quer indirectas, como um estímulo decisivo à insurreição na Síria, que se iniciou logo em Março de 2011, quer directas, com o reforço militar das forças islamistas no Sahel, que vão precipitar a crise no Mali.

O caso da não-intervenção na Síria parece ser o simétrico oposto da intervenção na Líbia. Neste último caso, a decisão de intervir foi tomada um mês depois do início das manifestações contra Gaddafi, enquanto na Síria os protestos transformaram-se em massacres e os massacres abriram caminho à guerra civil sem que a "comunidade internacional" e as sucessivas resoluções do Conselho de Segurança das Nações Unidas mencionassem sequer a possibilidade de uma intervenção humanitária. Dois anos depois, o conflito interno fez setenta mil mortos e mais de um milhão de refugiados. Os Estados Unidos, a França e o Reino Unido reconheceram um "Conselho Nacional das Forças Revolucionárias e da Oposição", representativo da coligação heterogénea das milícias do "Exército Livre da Síria", os insurgentes têm sido armados pelo Qatar e pela Arábia Saudita, que sustentam a revolta sunita contra o regime alawita, e os Estados Unidos, a Alemanha e a Holanda instalaram baterias de mísseis Patriot na fronteira da Turquia com a Síria. Mas continua a não haver nenhum movimento sério, quer dos Estados Unidos e da França, quer da Turquia, quer ainda da Liga Árabe, no sentido de preparar uma intervenção.

As razões que justificam a ausência de uma intervenção humanitária são óbvias[17]. Desde logo, o Exército sírio está bem armado e tem os meios necessários para responder a uma intervenção externa, o que exclui a repetição do cenário de uma intervenção ocidental sem baixas. Por outro lado, a coligação insurgente parece demasiado heterogénea, sectária e radical para poder representar uma alternativa e o conflito mobilizou um número importante de militantes jihadistas internacionalistas que combatem na Síria não só contra as forças de Bachar al-Assad, mas também contra os seus aliados iranianos. Por último, o regime sírio continua a ter um apoio efectivo da Rússia (e da China), que não só estão em condições de vetar qualquer proposta de intervenção no Conselho de Segurança das Nações Unidas, como se opõem a qualquer fórmula de resolução do conflito fora de uma negociação entre os rebeldes e Assad e impedem o seu isolamento internacional.

Na Síria, ao contrário da Líbia, a duração e a escalada do conflito interno justificam uma intervenção humanitária para pôr fim à violência brutal e permanente contra as populações civis, reféns do conflito interno que opõe duas comunidades políticas – a minoria alawita, representada pelo regime, e a maioria sunita, dispersa pelas milícias da oposição. Ambas têm rejeitado todas as iniciativas de mediação externa e estão envolvidas numa guerra civil prolongada[18], que só pode terminar ou com a rendição, e o possível massacre, de uma das partes, ou com a sua separação, o que implica a divisão da Síria. Essa separação não é possível sem uma intervenção internacional, antes ou depois da partição, *de jure* ou *de facto*, do Estado. Enquanto as potências externas – a Rússia, a China e o Irão, por um lado, os Estados Unidos, Israel, a Turquia, o Reino Unido, a França, a Arábia Saudita e o Qatar, por outro lado – assegurarem a sobrevivência dos seus aliados internos e o impasse militar entre as partes, a alternativa é a anarquia e a continuação dos massacres.

---

[17] Cfr. Jolyon HOWORTH, *Humanitarian intervention in the post-Cold War era: A provisional balance sheet in light of Libya, Syria, and Mali*, Santiago do Chile, Fundación Chile 21, 2013.

[18] Para Michael Doyle, a intervenção externa é legítima no caso de uma guerra civil prolongada "in which the contending parties are so equally balanced that there is no probability of a speedy issue". Cfr. Michael DOYLE, "A Few Words on Walzer, Mill, and Nonintervention", *in Ethics and International Affairs*, vol. 23, n.º 4, 2010, p. 359.

A intervenção humanitária armada, segundo Michael Walzer, é legítima tanto para pôr fim aos massacres e à anarquia, como para proteger as minorias, incluindo as minorias cristãs, os druzos e os curdos, de um poder sunita, e ainda para impedir que as armas do regime de Assad, incluindo as armas químicas, caiam nas mãos das redes terroristas islâmicas e de partidos radicais, como o Hizballah ou o Hamas[19]. Mas a intervenção externa também é legítima para impor a separação territorial da maioria sunita e da minoria alawita, reproduzindo o modelo da Bósnia-Herzegovina (ou do Kosovo) ou impondo uma partição formal da Síria.

No caso do Mali, os riscos de escalada do conflito interno tornaram-se evidentes na sequência da intervenção na Líbia, com a dispersão de uma parte das milícias de Gaddafi e dos seus arsenais, que reforçaram uma frente inédita formada pelas forças seculares dos Tuareg, organizadas no Movimento de Libertação Nacional do Azawad (MLNA), e as forças islâmicas, incluindo o Ansar al-Din, a que se reuniram a Al Qaida no Maghreb Islâmico (AQMI), bem como militantes da Al Qaida vindos do Afeganistão, do Yemen e do Sudão. Em Março de 2012, essa frente iniciou uma revolta armada, começou a ocupar as cidades do Norte do Mali e, em Abril, o MLNA, com o apoio dos islamistas, proclamou a independência do Azawad[20].

Em 10 de Janeiro de 2013, os rebeldes secessionistas e islamistas avançaram para Sul, ocuparam a cidade de Konna e aproximaram-se da capital do Mali. No dia seguinte, a França começou a sua intervenção, com a Opération Serval, repetindo no Mali o cenário de uma intervenção rápida que tinha ensaiado no princípio da crise na Líbia, quando iniciou a Opération Harmattan antes de a OTAN ter decidido intervir. Tal como na Líbia, não houve um massacre e foi a ameaça dos rebeldes sobre Bamako, onde reside um número importante de franceses e europeus, que justificou, em primeira instância, a intervenção da França, que se iniciou com uma guerra aérea.

A intervenção do Mali foi o contrário da intervenção na Líbia[21]. Desde logo, no caso do Mali não houve nem uma resolução do Conselho

---

[19] Cfr. Michael WALZER, "Syria", *in Dissent*, Março de 2012.
[20] Cfr. David FRANCIS, *The regional impact of the armed conflict and French intervention in Mali*, Oslo, NOREF Report, Abril de 2013. Ver também Roland MARCHAL, *Is a military intervention in Mali inevitable?*, Oslo, NOREF Report, Outubro de 2012.
[21] Cfr. Christopher CHIVVIS, "Foreign Intervention in Mali is Libya in Reverse", *in US News and World Report*, 24 de Janeiro de 2013.

de Segurança das Nações Unidas, nem uma intervenção multilateral. A França respondeu directamente ao apelo do Presidente interino do Mali e conduziu autonomamente a Opération Serval, embora acompanhada por forças militares do Mali, enquanto se formava a Missão Internacional Africana de Apoio ao Mali (AFISMA), mandatada pelo Conselho de Segurança e dirigida pela Comunidade Económica dos Estados da África Ocidental (CEDEAO). Os Estados Unidos e o Reino Unido mobilizaram meios logísticos de apoio à intervenção francesa e a União Europeia empenhou-se numa missão de formação do Exército do Mali. Por outro lado, a intervenção da França não se limitou, como na Líbia, a uma guerra aérea e não só exigiu a intervenção robusta de quatro mil soldados das forças terrestres francesas para expulsar os rebeldes de Konna e das cidades do Norte, como reclama a continuação da sua presença militar para assegurar a neutralização da ressurgência das redes terroristas islâmicas no Sahel, consideradas como uma ameaça para os Estados regionais e para a segurança europeia. Por último, a intervenção da França impediu a mudança de regime político no Mali e visa restaurar a integridade territorial do Estado.

A intervenção francesa no Mali pode ser considerada como uma intervenção humanitária[22]? Nada se parece mais com uma intervenção clássica da França para proteger os aliados numa antiga colónia africana do que a sua intervenção unilateral no Mali. Nesse caso, tal como no caso da Líbia, para considerar as intervenções externas como intervenções humanitárias é preciso rever não só as regras, como a própria definição de intervenção humanitária.

Os limites da intervenção

O processo de revisão das regras da intervenção humanitária começou a ser feito por Robert Pape, que procura uma via média entre os critérios mais exigentes, que reclamam o genocídio, ou uma "limpeza étnica", com milhares de vítimas como condição prévia da intervenção, e os critérios mais triviais da "Responsabilidade de Proteger", em que qualquer abuso

---

[22] No debate francês, os analistas não insistiram na definição da intervenção no Mali como uma intervenção humanitária. Cfr. François HEISBOURG, "Une action justifiée", *in Le Monde*, edição de 24 de Janeiro de 2013; Jean-Jacques ROCHE, "Mali: Une intervention sans doute nécéssaire, mais pas nécéssairement juste", *in Le Monde*, edição de 24 de Janeiro de 2013.

do poder passa a ser uma oportunidade para a "comunidade internacional" intervir contra um regime autoritário[23].

Para Robert Pape, uma "intervenção humanitária é o uso da força militar por um ou mais Estados na jurisdição de um outro, sem a sua autorização, para proteger pessoas inocentes da violência do governo do Estado visado". Os seus critérios para uma "intervenção humanitária pragmática" estipulam uma justa causa, a recta intenção, os critérios de sucesso e uma estratégia post-intervenção. A justa causa reclama "uma campanha de homicídio de massa pelo governo local em que já morreram milhares de pessoas e outros milhares ainda vão morrer"; a recta intenção exige que a defesa de um "princípio moral" prevaleça sobre o "interesse egoísta" na decisão de intervir; os critérios de sucesso dependem de um "plano viável de intervenção com uma previsão razoável de baixas (próximo de zero para as forças de intervenção durante as operações)"; a regra da proporcionalidade é projectada para o médio prazo e torna obrigatória uma "estratégia efectiva para criar uma segurança local estável" e assegurar que salvar vidas no imediato não leva ao caos no futuro[24].

Numa variante importante, Pape admite uma "intervenção humanitária pre-emptiva", por analogia com a guerra pre-emptiva. Nesse caso, a violação da soberania não exige a existência de um massacre e justifica-se quando "o governo local manifesta a intenção de cometer homicídio de massa contra os seus próprios cidadãos" e "esperar apenas aumenta o risco do futuro homicídio de massa". Tal como na guerra pre-emptiva, a intervenção precisa que essa intenção possa ser antecipadamente confirmada por uma "mobilização especial para uma campanha, que torna possível prever uma acção específica no futuro"[25].

As decisões de proteger os Curdos, em 1991, e de travar a "limpeza étnica" no Kosovo, em 1999, são citadas como exemplos. Mas esses dois casos, bem como o da Líbia, em 2011, só entram na categoria da "intervenção humanitária pre-emptiva" se se puder demonstrar que a motivação principal dos responsáveis pela intervenção era salvar vidas e não a mudança dos regimes políticos no Iraque, na Sérvia e na Líbia, respectivamente. Por outro lado, não havia estratégias consistentes para

---

[23] Cfr. Robert PAPE, "When Duty Calls: A Pragmatic Standard of Humanitarian Intervention", *in International Security*, vol. 37, n.º 1, 2012, p. 42.

[24] Cfr. Robert PAPE, "When Duty Calls...", *op. cit.*, pp. 43-45.

[25] Cfr. Robert PAPE, "When Duty Calls...", *op. cit.*, p. 53.

a fase posterior à intervenção, nem no Kosovo – a OTAN estava à espera da queda de Slobodan Milosevic e não da secessão albanesa –, nem na Líbia – o Conselho Nacional da Líbia mostrou ser uma coligação instável de milícias e não uma alternativa política com capacidade de restaurar a segurança. Paralelamente, as intervenções na Somália ou no Afeganistão também não correspondem a todos os critérios da "intervenção humanitária pragmática": na Somália, em 1992, não existia nem uma autoridade central local, nem uma estratégia de estabilização post-conflito por parte dos Estados Unidos; no Afeganistão, sem fazer uma avaliação demasiado exigente das sucessivas estratégias de estabilização, o número de baixas do lado das forças de intervenção, nos últimos dez anos, é significativamente maior do que zero, nomeadamente entre as forças norte-americanas, britânicas, francesas ou canadianas. Inversamente, os critérios de Pape servem para justificar a não-intervenção na Síria – um caso de "homicídio de massa em câmara lenta", onde os riscos de baixas significativas do lado das forças de intervenção são considerados demasiado elevados e em que não foram apresentadas publicamente propostas credíveis para garantir uma segurança duradoura[26].

Esses argumentos não invalidam o exercício de Robert Pape, que resume com integridade as condições políticas que determinam as regras de intervenção das democracias ocidentais no post-Guerra Fria.

Com efeito, a "violência contra os inocentes" é indispensável para legitimar as intervenções militares perante as opiniões públicas nos Estados Unidos e na Europa Ocidental, onde a soberania dos regimes autoritários só é reconhecida condicionalmente, como ficou demonstrado na Somália, no Kosovo, no Afeganistão ou na Líbia. Porém, nenhum decisor democrático pode pôr em risco a vida dos seus soldados para salvar as vidas de civis estrangeiros em paragens remotas, como ficou demonstrado pelos desastres na Somália, pelo recurso à guerra aérea no Kosovo e na Líbia ou pelos constrangimentos formais ("*caveats*") que limitam a acção militar de boa parte das tropas europeias no Afeganistão. No mesmo sentido, uma intervenção responsável não pode fazer mais mal do que bem: a máxima de Thomas Hobbes – a anarquia é pior do que a tirania – também se pode aplicar na Líbia ou na Síria.

---

[26] Cfr. Robert PAPE, "When Duty Calls...", *op. cit.*, pp. 70-71.

OS LIMITES DA INTERVENÇÃO

A banalização das intervenções humanitárias prevaleceu durante o período em que a preponderância das democracias ocidentais foi incontestada e em que só as suas intervenções foram reconhecidas como legítimas. Mas essa banalização levanta três problemas: o primeiro é a indiferenciação entre intervenções necessárias e intervenções humanitárias, que impõe uma flexibilização excessiva dos critérios das intervenções humanitárias de modo a poder justificar todas as intervenções em nome da protecção de populações em risco; o segundo é a identificação entre intervenções legítimas e intervenções humanitárias, em que a legitimidade de uma intervenção necessária para defender a estabilidade internacional está condicionada pela existência prévia (ou iminente) de uma catástrofe humanitária; e o terceiro é a erosão do princípio da soberania, que resulta da banalização das intervenções humanitárias e da violação das fronteiras dos Estados, quando as democracias não estão preparadas para reconstruir uma ordem internacional assente nos valores da liberdade e do Direito.

Nesse contexto, vale a pena fazer a parte das coisas e definir os limites das intervenções externas. Desde logo, as intervenções humanitárias são, e devem ser, a excepção à regra e o respeito rigoroso pelos critérios convencionais obriga a reconhecer que a maioria das intervenções democráticas que se apresentam como intervenções humanitárias não merece essa classificação. No limite, os casos de Timor-Leste e do Kosovo são os dois únicos que se aproximam dos critérios mínimos das intervenções humanitárias, em que a decisão de intervir foi motivada por razões morais mais do que pelos interesses nacionais dos Estados. (O caso da Somália poderia ser incluído nesta série). Com efeito, nessas duas "intervenções normativas"[27] não estavam em causa nem interesses estratégicos relevantes dos Estados responsáveis pela intervenção, nem circunstâncias que prejudicassem significativamente a estabilidade regional ou internacional. A irrelevância estratégica do Kosovo para os Estados Unidos, o Reino Unido ou a Alemanha não precisa de ser demonstrada, tal como nem os Estados Unidos, nem a Austrália, nem Portugal tinham interesses em Timor que justificassem a sua intervenção: em ambos os casos, a violência sectária indignou a "consciência moral" dos cidadãos, mobilizou as opiniões públicas e forçou os responsáveis políticos a intervir.

---

[27] Cfr. Coral BELL, "Normative Shift", *in The National Interest*, n.º 70, 2002, pp. 44-54.

Por outro lado, as intervenções humanitárias não são as únicas justas e legítimas. A protecção dos Curdos no Norte do Iraque não só impediu a repetição provável de um massacre, como serviu para conter a questão curda e manter a pressão sobre o regime de Saddam Hussein. As forças da OTAN na Bósnia-Herzegovina não só puseram (tardiamente) fim à guerra civil, como restauraram um mínimo de estabilidade nos Balcãs e travaram uma crise séria na Aliança Atlântica no post-Guerra Fria. As sucessivas intervenções dos Estados Unidos e da OTAN no Afeganistão, em 2001 e em 2003, responderam a uma ameaça crítica das redes terroristas da Al Qaida e impediram a criação de um vazio de poder perigoso, com a desagregação de um Estado-charneira entre a China, a Rússia, a Índia e o Paquistão.

No mesmo sentido, a intervenção na Líbia é legítima por ser relevante para a estabilidade regional. Bem entendido, a motivação principal da França e do Reino Unido é inseparável da vontade política de demonstrar o seu empenho na "Primavera Árabe" e de se demarcarem das "falsas monarquias" do Egipto, da Tunísia, do Yemen e da própria Líbia, aliados seguros, mas brutais, na luta comum contra as redes do terrorismo jihadista, antes e depois do "11 de Setembro". E ninguém pode negar que a deposição de Gaddafi não tenha sido uma finalidade óbvia da intervenção da OTAN. Mas, sem essa intervenção, era elevada a probabilidade de o caos se instalar na Líbia e contaminar os processos de mudança política na Tunísia e no Egipto, além de provocar uma vaga de refugiados líbios e africanos para a Europa do Sul. Na Síria, uma motivação política idêntica marcou a distância crescente dos Estados Unidos, da França e do Reino Unido em relação ao regime de Bachar al-Assad, mas a posição da Rússia e a resistência do regime e do Exército alawita impediram uma intervenção externa que completaria o cerco ao Irão, isolado regionalmente e pressionado no Golfo Pérsico por uma presença naval significativa das três principais potências ocidentais. No Mali, a intervenção da França pode ter sido crucial para conter os efeitos da intervenção franco-britânica na Líbia e impedir a emergência de um "segundo Afeganistão" no Sahel, da Mauritânia ao Niger, ao Chad e ao Sudão, com o regresso da Al Qaida às suas origens históricas[28].

[28] Não há consenso, nem sobre o significado da presença da Al Qaida na região, nem sobre os riscos da emergência de um "Sahelistão", uma ameaça evocada pelo Ministro dos Negócios Estrangeiros francês, Laurent Fabius – "Nous avons eu un Afghanistan, il ne faut pas qu'il y ait un Sahelistan". Ver "Fabius veut éviter un 'Sahelistan'", *in Figaro*, edição de 6 de Julho

Humanitárias ou talvez não, todas essas intervenções foram limitadas, defensivas e necessárias para garantir o *status quo* internacional, que é a principal responsabilidade das potências democráticas. Se foram necessárias, são intervenções justas, quer tenham tido ou não uma dimensão humanitária.

Por último, a tentação de classificar todas as intervenções democráticas como intervenções humanitárias é muito forte e não só prejudica a especificidade desse tipo de intervenções, como tende a banalizar os critérios que podem justificar a violação da soberania dos Estados e perturbar a estabilidade internacional.

Com efeito, não há um consenso entre as democracias ocidentais e, muito menos, entre o conjunto das democracias, para substituir a regra da soberania como o princípio ordenador da ordem internacional. Por certo, tanto a intervenção da OTAN no Kosovo, em 1999, como a invasão anglo-americana do Iraque, em 2003, podem ser interpretadas como estratégias imperiais das democracias para forçar a mudança de regimes autoritários. O Afeganistão e a Líbia podem ser acrescentados à lista, não obstante a legalidade das intervenções nesses dois Estados não ter sido contestada. No entanto, nem a OTAN, nem os Estados Unidos, assumiram formalmente a mudança dos regimes autoritários como a finalidade das suas intervenções militares: a Aliança Atlântica dispensou o mandato do Conselho de Segurança por entender que não devia submeter as suas responsabilidades pela segurança europeia ao veto de potências externas e o Presidente George W. Bush reiterou ter autorizado a invasão do Iraque por estar persuadido de que as armas de destruição maciça iraquianas existiam e representavam uma ameaça para a segurança nacional dos Estados Unidos[29]. Os argumentos formais não são irrelevantes e limitam o efeito perturbador dos casos do Kosovo e do Iraque como precedentes na tentativa de construir uma ordem democrática post-soberanista.

---

de 2012. Cfr. Michael CLARKE, "An Insight into Jihadist Strategy in the Sahel", *in RUSI Analysis*, 14 de Fevereiro de 2013; Olivier ROY, "Vaine stratégie française au Mali", *in Le Monde*, edição de 4 de Fevereiro de 2013; Laurent SAMUEL, *Sahelistan. Les Nouvelles Terres du Jihad*, Paris, Le Seuil, 2013; Hussein SOLOMON, "Mali: West Africa's Afghanistan", *in RUSI Journal*, vol. 158, n.º 1, 2013. Ver ainda Jean-Pierre FILIU, "Could Al Qaeda Turn African in the Sahel?", *in Carnegie Papers*, 2010; Damien HELLY, *EU Engagement in the Sahel. Lessons from Somalia and AfPak*, Paris, EUISS Policy Brief, 2012.

[29] Cfr. George W. BUSH, *Decision Points*, Nova York, Crown Publishers, 2010.

Em qualquer caso, a Guerra do Kosovo dividiu as democracias – a Índia esteve ao lado da Rússia e da China para condenar a intervenção da OTAN – e a invasão do Iraque, em 2003, dividiu as próprias democracias ocidentais responsáveis pela intervenção colectiva contra a Sérvia em 1999. Essa constatação é importante num momento em que a euforia da vitória ocidental na Guerra Fria foi substituída pela percepção dos riscos de uma nova transição internacional, que justifica não só uma concentração de esforços na convergência do conjunto das democracias na defesa da ordem liberal, como a necessidade de evitar precedentes que possam justificar a banalização das intervenções internacionais – o caso do Kosovo, por exemplo, foi manipulado pela Rússia para justificar a sua intervenção na Geórgia, em 2008.

As intervenções são instrumentos clássicos das grandes potências[30] e um modo legítimo de defender, se possível numa acção colectiva, os equilíbrios internacionais, tal como as intervenções humanitárias são uma forma legítima de os Estados civilizados responderem, de preferência com mandatos internacionais e em quadros multilaterais, a circunstâncias excepcionais de violência contra populações civis. Mas as intervenções democráticas não podem prejudicar o reconhecimento da soberania dos Estados como o princípio ordenador da sociedade internacional sem pôr em causa a sua própria legitimidade.

Maio de 2013

---

[30] Cfr. Martin WIGHT, *Power Politics*, Londres, Royal Institute of International Affairs, 1945, pp. 48-50. Ver também Hans MORGENTHAU, "To Intervene or Not to Intervene", *in Foreign Affairs*, vol. 45, n.º 3, 1967, pp. 425-436.

Soberania como responsabilidade

Wladimir Brito

1. O debate sobre a responsabilidade de proteger convoca de imediato à discussão a questão da soberania, na exacta medida em que, com recurso ao disposto no artigo 2.º da Carta das Nações Unidas e, também, na Declaração sobre os Princípios do Direito Internacional relativos às Relações Pacíficas, de 1970[1], ela tem sido invocada, desde 1945, como limite intransponível de qualquer intervenção internacional. Com base nesses fundamentos legais, e ainda no de que a não intervenção tem como objectivo proteger os Estados mais fracos dos Estados mais fortes, a soberania tem constituído para muitos Estados não só o escudo conceitual e legal para proteger os Estados das intervenções externas como também o ecrã ocultador das mais atrozes violações dos direitos fundamentais da pessoa humana e da prática de crimes contra as suas populações. Poder-se-á dizer que o clássico conceito de soberania, mesmo na sua versão mais moderada e relativizada, tem sido utilizado como instrumento de crime por certos Estados. Esse conceito passou a ser um conceito assassino que assegura aos Estados a faculdade de agir, com a mais despudorada impunidade,

---

[1] De acordo com essa Declaração, "[n]o state or group of states has the right to intervene, directly or indirectly, for any reason whatever, in the internal or external affairs of any other state. Consequently, armed intervention and all other forms of interference or attempted threats against the personality of the state or against its political, economic and cultural elements, are in violation of international law".

contra as suas próprias populações ou contra estrangeiros que residem ou transitam pelos seus territórios.

Acontece que, desde 1945, e até mesmo, após os anos 70 do século passado, a sociedade internacional sofreu profundas transformações que obrigam a repensar o conceito de soberania e as formas como deve ser exercida interna e internacionalmente. Hoje, sem margens para dúvidas, a soberania não pode continuar a ser pensada da forma como o foi até a elaboração da Carta das Nações Unidas, na exacta medida em que a comunidade internacional tomou consciência de que não é mais possível, nem admissível que os Estados possam com fundamento na soberania e no seu domínio reservado cometer atrocidades contra as suas populações. Na verdade, hoje entende-se que os Estados, exactamente porque são soberanos, têm o dever de proteger as suas populações de crimes de guerra, genocídio e de outros crimes ou atrocidades e de evitar sofrimentos que lhes possam ser causados quer pela prática desses crimes quer pelas catástrofes causadas por acção humana. Mais. Hoje imputa-se ao Estado, exactamente por ser soberano, a responsabilidade pela segurança humana das suas populações, o que lhe impõe o dever de assegurar *standards* mínimos de protecção na saúde, de serviços de educação, de justiça, de promover de forma sustentada a erradicação da pobreza, o desenvolvimento social, por serem pré condições indispensáveis para a paz.

É essa consciência da necessidade de um novo entendimento da soberania que Kofi Annan sintetizou quando disse que "[s]tate sovereignty, in its most basic sense, is being redefined – not least by the forces of globalization and international cooperation. States are now widely understood to be instruments at the service of their peoples, and not vice versa. At the same time individual sovereignty – by which I mean the fundamental freedom of each individual, enshrined in the Charter of the UN and subsequent international treaties – has been enhanced by a renewed and spreading consciousness of human rights. When we read the Charter today, we are more than ever conscious that its aim is to protect individual human beings, not to protect those who abuse them"[2], abrindo com esta síntese, caminho para a emergência da ideia da soberania como responsabilidade. Contudo, e em bom rigor, a doutrina do tiranicídio defendida desde a Idade Média

---

[2] Cfr. Kofi ANNAN, "The Concept of Sovereignty", *in The Economist*, edição de 18 de Setembro de 1999, pp. 49-50.

SOBERANIA COMO RESPONSABILIDADE

é já o prenúncio da ideia de soberania como responsabilidade, na exacta medida em que dessa doutrina, como se sabe, defendida, entre outros, por João de Salisbury[3], S. Tomás de Aquino[4] e Guilherme de Occam[5], decorre que o monarca tem o dever de governar sempre em benefício do seu povo (*salus rei publicae/reipublicae utilitatem*) e nunca contra os direitos deste e, ainda, que deve o povo intervir no poder soberano do monarca, para o destituir com vista a pôr fim às atrocidades do tirano, quer pela via da resistência, como defende S. Tomás, quer pela via da revolta como advoga João de Salisbury. Esta ideia, na sua versão moderna e iluminista, é certo, foi assumida, por Thomas Jefferson e consagrada na Declaração da Independência dos Estados Unidos da América do Norte[6].

[3] João de Salisbury, na sua obra maior, *Policraticus sive de nugis curialium et vestigis philosophorum*, conhecida vulgarmente por *Policraticus*, defendia – ao contrário da corrente patrística dominante na alta Idade Medida, em que militava, entre outros, por Isidoro de Sevilha, segundo a qual o tirano era a manifestação do merecido castigo divino contra os súbditos, que por isso não tinham o direito de o depor – a responsabilidade do monarca pela busca do bem comum da *res publica* (*salus rei publicae/reipublicae utilitatem*). O tirano não é para este autor um castigo divino, mas sim o maior dos crimes públicos, que o Direito condena. Por isso, é legítimo o tiranicídio, sendo até um dever a deposição do tirano. Para maior desenvolvimento, veja-se, entre outros, Andrés BARCALA MUÑOZ, "La Edad Media", *in* Fernando Vallespín (ed.), *Historia de la Teoría Política*, vol. I, Madrid, Alianza Editorial, 2000, pp. 289 e segs.; Alain CAILLÉ, Christian LAZZARI e Michel SENELLART, *História Crítica da Filosofia Moral e Política*, Lisboa, Verbo, 2003, pp. 169 e segs.; Lambros COULOUBARITSIS, "A Tradição Cristã: Dos Evangelhos a São Tomás de Aquino", *in* Alain Renaut (dir.), *História da Filosofia Política, I, A Liberdade dos Antigos*, Lisboa, Instituto Piaget, 2001, pp. 386 e segs..

[4] S. Tomás de Aquino que advoga, embora de forma menos radical do que João de Salisbury, não o tiranicídio, mas sim a resistência contra o tirano entendendo que a luta contra este não pode ser considerada sedição. Para S. Tomás, o sedicioso é o tirano que usa o poder no seu próprio interesse e contra o bem comum. Cfr. *Summa Theologica*, I da II, *Quaestio* 96, artigo 4.º: 2.ª *ad* 2.ª, *Quaestio* 42, artigo 2.º *ad* 3 e *Quaestio* 104, artigo 6.º *ad* 3. Cfr., ainda, Cabral de MONCADA, *Filosofia do Direito e do Estado*, vol. I, Coimbra, Arménio Amado, 1955, pp. 75 e segs..

[5] Ockam defende que os súbditos têm o direito de julgar o poder e que o reino pode entender ser absolutamente necessário destituir o rei ou, até mesmo, prendê-lo sempre que governe contra o bem comum. Cfr. *Octo Quaestiones de Potestate Papae*, II, 8, *in Opera Politica*. Para maior desenvolvimento, veja-se, entre outros, Jürgen MIETHKE, "A Teoria Política de Guilherme de Ockam", *in* Alain Renault (dir.), *História da Filosofia Política, II, Nascimento da Modernidade*, Lisboa, Instituto Piaget, 2002, pp. 73 e segs..

[6] Na verdade, nessa Declaração da Independência, diz-se que "[w]e hold these truths to be self-evident, that all men are created equal, that they are endowed by their Creator with certain inalienable Rights, that among these are Life, Liberty and Happiness –That to secure these

Mas, a questão da mudança de paradigma relativamente ao problema da soberania começa a verificar-se ainda no período da acesa discussão sobre a intervenção humanitária e com a opinião expressa, em 1992, por Boutros Boutros-Ghali, então Secretário Geral da ONU, na Agenda for Peace, quando aí escreve que "the time of absolute and exclusive sovereignty [has] passed; its theory was never matched by reality"[7], para, de seguida, desafiar a comunidade internacional a repensar o conceito no contexto global[8] e sublinhar que os direitos dos povos e dos indivíduos são uma dimensão da soberania universal que é detida ou que reside em toda a humanidade. A este desafio, diríamos, responde Kofi Annan com repetidos apelos à comunidade internacional para encontrar um fundamento comum para agir em defesa da nossa humanidade comum (*common humanity*) e para redefinir o conceito de soberania, acabando por, no Millennium Report to the General Assembly, em 2000, perguntar à comunidade internacional "if humanitarian intervention is, indeed, an unacceptable assault on sovereignty, how should we respond to a Rwanda and a Srebrenica – to gross and systematic violations of

rights, Governments are instituted among Men, deriving their just powers from the consent of the governed – That whenever any Form of Government becomes destructive of these ends, it is the Right of the People to alter or abolish it, and to institute new Governrnent... When a long train of abuses and usurpations, pursuing invariably the same Object, evinces a design to reduce them under absolute Despotism, it is their right, it is their duty, to throw off such Government, and to provide new Guards for their future security". Pode ver-se o texto integral da Declaração da Independência em John GRAFTON (ed.), *The Declaration of Independence of America and Other Great Documents of American History 1775-1865*, New York, Dover Publications, 2000, pp. 6 e segs..

[7] Cfr. Boutros BOUTROS-GHALI, *An Agenda for Peace: Preventive Diplomacy, Peacemaking and Peacekeeping*, Report of the Secretary-General Pursuant to the Statement Adopted by the Summit Meeting of the Security Council on 31 January 1992, n.º 17 do Ponto I – The changing context. O texto do Relatório pode ser consultado em http://ire.sagepub.com/content/11/3/201.full.pdf+html [07.12.2011].

[8] Diz Boutros Boutros-Ghali que "[a] major intellectual requirement of our time is to rethink the question of sovereignty – not to weaken its essence, which is crucial to international security and cooperation, but to recognize that it may take more than one form and perform more than one function. This perception could help solve problems both within and among states. And underlying the rights of the individual and the rights of peoples is a dimension of universal sovereignty that resides in all humanity and provides all peoples with legitimate involvement in issues affecting the world as a whole". Cfr. Boutros BOUTROS-GHALI, "Empowering the United Nations", *in Foreign Affairs*, vol. 71, n.º 5, 1992, p. 99.

human rights that offend every precept of our common humanity?"[9]. A esta questão, que em última análise, também perguntava pela necessidade de repensar e de reformular o conceito de soberania, por forma a compatibilizá-la com a protecção das populações vítimas de atrocidades cometidas no quadro de conflitos, nomeadamente intra-estatais ou de catástrofes causadas pelo homem ou pela natureza, respondeu o Ministro dos Negócios Estrangeiros do Canadá, Lloyd Axworthy, criando uma Comissão Internacional com a tarefa de "wrestle with the whole range of questions – legal, moral, operational and political – rolled up in this debate, to consult with the widest possible range of opinion around the world, and to bring back a report that would help the secretary-general and everyone else find some new common ground"[10], Comissão que, em 2000, apresentou o já célebre Relatório intitulado *Responsibility to Protect*, no qual se procura, como dizem os seus autores, reconciliar intervenções para protecção humana com a soberania dos Estados e estabelecer um consenso "on how to move from polemics – and often paralysis – toward action within the international system, particulary through the United Nations"[11].

Este relatório vem, de certo modo, consagrar o conceito de soberania como responsabilidade – *sovereignty as responsibility* –, que a doutrina tinha vindo a elaborar e a reclamar, na sequência das preocupações de Boutros Boutros-Ghali, de Kofi Annan, e das violações dos mais elementares direitos da pessoa humana cometidos por forças armadas e/ou por milícias e forças para-militares em diversos países sem a pronta e decisiva intervenção da comunidade internacional em defesa das vítimas.

2. Na verdade, a doutrina internacional tem procurado encontrar um critério de compatibilização da soberania nacional com a necessidade de acções da comunidade internacional que visem proteger e assegurar

---

[9] Cfr. Kofi ANNAN, "We the People: The Role of United Nations in the 21st Century", *in UN Millenium Report to the General Assembly*, United Nations, 2000, texto disponível em www.un.org/millennium/sg/report/full.htm [07.12.2011].

[10] Cfr. Gareth EVANS, *The Responsibility to Protect*, Washington DC, Brooking Institution Press, 2000, p. 38.

[11] *Responsibility to Protect: Report of the International Comission on Intervention and State Sovereignty*, Dezembro de 2001, p. 2, texto disponível em http://idl-bnc.idrc.ca/dspace/bitstream/10625/18432/6/116998.pdf [07.12.2011].

um *standard* mínimo de sobrevivência às populações em risco, tendo até em conta que com o fim da Guerra Fria verificou-se uma tendencial universalização do *consensus* sobre a universalidade de, pelos menos, valores humanitários relativos ao dever de assegurar a dignidade da pessoa humana e dos povos, a sobrevivência e a protecção contra atrocidades e catástrofes naturais ou intencionalmente provocadas pelos homens, de que vem resultando, como diria David Sheffer "a new standard of intolerance for human misery". Nesse quadro, que representa uma radical mudança do paradigma dominante sobre a soberania, começa-se a entender que já não basta que esta se assuma como era classicamente entendida, como poder supremo e ilimitado do Estado – *a alma do Estado*, como diria Hobbes, no Leviatã –, ou, até mesmo, na sua versão mais relativizada, como poder supremo, mas não absoluto nem ilimitado, do Estado, pelo Direito Internacional que lhe confere autonomia, plenitude e exclusividade de competências, mas sim como *poder-dever* dos Estados que, consequentemente, lhes impõe obrigações quer para com a comunidade internacional, quer para com as populações que vivem no seus territórios.

Agora, a partir de meados dos anos 90, em especial, o que preocupa a doutrina já não são tanto os direitos soberanos dos Estados, mas sim os deveres e as responsabilidades que decorrem do exercício da soberania, não só para os Estados, enquanto entes colectivos, como também para os titulares dos poderes soberanos; o que também preocupa a doutrina já não é exclusivamente a prestação de contas pelos titulares dos poderes soberanos *in foro domestico*, mas os limites do exercício desse poder, a responsabilidade e a *accountability* perante a comunidade internacional. Essa preocupação convoca uma outra que é a de saber se é legítima a soberania e o exercício do poder soberano sem responsabilidade internacional e sem *accountability* interna e internacional. Essa nova forma de entender a soberania leva a doutrina a defender que a compatibilização da soberania com a necessidade de acções internacionais protectoras e de assistência às vítimas implica que se tenha de afirmar a responsabilidade do poder soberano, a *accountability*, por esse poder e também a legitimidade do seu exercício, atributos estes que oferecem uma nova ideia de soberania e contribuem para a mudança do paradigma clássico, até então dominante, sobre a natureza e o sentido do poder soberano e que reclama agora a sua integração na ordem jurídica internacional em articulação com os demais princípios dessa ordem[12]. Vale isto dizer que actualmente a legitimidade da soberania reclama a sua responsabilidade e a *"accountability"* pelo exercício do poder soberano, quer interna quer internacionalmente, ou, dito de outro modo e noutro idioma, "to be legitimate, sovereignty must demonstrate responsibility" e "accountability to the domestic and external constituencies"[13].

De certo modo, o novo modo de pensar a soberania e o seu exercício, interna e externamente, amplia, projectando para a esfera internacional, aquela concepção medieva que, *in foro domestico*, reconhecia ao povo o direito de resistência ou de regicídio, sempre que o poder soberano do monarca não fosse por este exercido, relembre-se, em benefício do seu povo (*salus rei publicae/reipublicae utilitatem*), por se entender que o monarca não só tem o dever de governar sempre com respeito pelos – nunca contra os – direitos do seu povo, como a responsabilidade pela sua felicidade. Este é o *munus* do príncipe, "ministro do interesse público" e "escravo da equidade", como diria João de Salisbury, que o vincula à lei natural (*legis nexus*), que lhe impõe esse dever e essa responsabilidade[14].

3. Agora essa responsabilidade já não é reclamada exclusivamente pelos "súbditos dos novos príncipes", que são os Estados modernos e aqueles que neles detêm e exercem os poderes soberanos, mas também pela comunidade internacional, que deles exige sua *legis nexus* interna e internacional. A comunidade internacional reclama responsabilidade da soberania e do exercício do poder soberano, exactamente porque entende que, como muito certeiramente disse Kofi Annan, "sovereignty implies responsibility,

---

[12] Nesse sentido, dizem Francis M. Deng, Sakdikel Kimaro, Terrence Lyons, Donald Rothchild e William Zrartmam que "[h]owever is also recognized that sovereignty carries with it certain responsibilities for which governments must be held accountable. And they are accountable not only to their national constituencies but ultimately to the international community. In other words, by effectively discharging its responsibilities for good governance, a state can legitimately claim protection for its national sovereignty". Cfr. Francis M. DENG *et al.*, *Sovereignty as Responsibility*, Washington DC, The Brookings Institution, 1996, p. 1.

[13] Cfr. Francis M. DENG *et al.*, *Sovereignty as Responsibility*, *op. cit.*, p. 27.

[14] Em sentido próximo, Alex J. Bellamy diz que "[h]istorically, sovereignty has almost always entailed responsibility in one form or another". Cfr. Alex J. BELLAMY, *Responsibility to Protect*, Cambridge, Polity Press, 2009, p. 33.

not just power"[15]. É o conceito da soberania como responsabilidade que se afirma.

Mas, o que quer significar esse novo entendimento da soberania ou, se se quiser, a soberania como responsabilidade? Antes de mais, quer significar que a soberania e o exercício do poder soberano constituem os detentores do poder na responsabilidade de garantir a protecção, a segurança, a vida, bem como o bem-estar dos cidadãos; de seguida, significa que os detentores do poder são responsáveis internacionalmente pelo respeito pelos direitos fundamentais dos cidadãos que vivem no território do Estado ou que por aí transitam, a quem devem assegurar um *standard* mínimo de direitos; finalmente, significa que são responsáveis, interna e internacionalmente, pelas suas acções ou omissões no exercício desses poderes e deverão prestar contas quer interna quer internacionalmente pela forma como exerceram o poder soberano.

Decorre deste entendimento que a soberania não pode mais ser invocada para garantir que, no domínio reservado dos Estados, sejam cometidos crimes e atrocidades contra as populações e graves violações dos direitos humanos, perante a passividade da comunidade internacional. Sendo certo que quer o conceito clássico quer o novo entendimento da soberania contêm a ideia da responsabilidade dos poderes públicos soberanos, o certo é que, ao contrário do clássico conceito de soberania, que entendia que a responsabilidade soberana perante o povo consistia em garantir, no quadro da relação horizontal inter-estatal, a independência e o exercício autónomo, exclusivo e pleno das competências estatais, não se aceitando em nenhuma circunstância intervenções externas, agora, o novo entendimento de soberania como responsabilidade vai mais longe para, sem postergar aquele entendimento clássico e no quadro das relações verticais entre o Estado e a sociedade civil, defender que essa responsabilidade relativiza

---

[15] Cfr. Kofi ANNAN, *Intervention*, Lecture XXXV, Ditchley Foundation, 26.06.1998, texto disponível em http://www.ditchley.co.uk/conferences/past-programme/1990-1999/1998/lecture-xxxv [24.11.2010]. Nessa intervenção, e na parte que agora nos interessa, disse o ex Secretário-Geral da ONU que "[i]n reality, this 'old orthodoxy' was never absolute. The Charter, after all, was issued in the name of 'the peoples', not the governments, of the United Nations. Its aim is not only to preserve international peace – vitally important though that is – but also to reaffirm faith in fundamental human rights, in the dignity and worth of the human person. The Charter protects the sovereignty of peoples. It was never meant as a licence for governments to trample on human rights and human dignity. Sovereignty implies responsibility, not just power". Cfr. Kofi ANNAN, *Intervention, op. cit.* (aspas no original).

aquelas dimensões do exercício de competências e visa, essencialmente, proteger os (e garantir o respeito pelos) direitos humanos, bem como criar e manter as condições indispensáveis para garantir a segurança humana.

Nessa nova concepção de soberania e de exercício dos poderes soberanos, são os titulares desses poderes e aqueles que os apoiam os responsáveis por actos ou omissões de que resultem graves e intoleráveis violações dos direitos humanos ou a prática de atrocidades ou de crimes internacionais e aceita-se que a prática desses crimes e atrocidades e/ou condutas reiteradamente atentatórias da subsistência do *standard* mínimo da segurança humana, torna admissível a intervenção colectiva da comunidade internacional, no seu todo, em defesa das vítimas. Essa intervenção, em primeira linha, deve ser requerida e aceite pelo Estado, sempre que este se sinta incapaz de assegurar protecção do direito à vida, de socorrer as vítimas e de garantir o *standard* mínimo de segurança humana[16], mas poderá, como último recurso, ser feita sem ou contra a vontade do Estado, sempre que seja ele a promover, apoiar ou até a praticar a maciça violação dos direitos fundamentais da pessoa humana (dos seus cidadãos) e a promover atrocidades, recusando-se a conceder protecção às vítimas[17].

A soberania como responsabilidade, como muito bem defende Kofi Annan[18], não torna menos relevante a clássica soberania, que, como se sabe, se preocupava mais com a protecção do Estado e do seu território e com a segurança militar do que com a protecção das pessoas e dos direitos humanos, numa palavra, com a segurança humana, mas compatibiliza essa soberania westphaliana com a protecção do indivíduo e dos povos – com os direitos humanos e humanitário – e com a segurança humana. A soberania como responsabilidade também abre a possibilidade de a soberania ser constituída em escudo protector, interna e internacionalmente, de violações de direitos humanos e humanitário e de obrigações internacionais. Com a introdução desse novo conceito de soberania, diz-nos Thomas G. Weiss que "the older version of the rule of law of states is being tempered by the rule of law of individual. A broader concept of

---

[16] No mesmo sentido, veja-se Roberta COHEN e Francis DENG, *Masses in Flight: The Global Crisis of Internal Displacement*, Washington DC, Brooking Institution, 1998.

[17] Roberta Cohen e Francis Deng entendem que, nesses casos, há suspensão da soberania. Cfr. Roberta COHEN e Francis DENG, *Masses in Flight...*, *op. cit.*.

[18] Cfr. Kofi ANNAN, "The Concept of Sovereignty", *op. cit.*, pp. 49-50.

sovereignty, encompassing both the rights and responsibilities of states, is more widely advocated now than even a decade ago"[19].

Esclarecido o entendimento de soberania responsável, podemos dizer resumidamente, em primeiro lugar, que, mesmo com o novo entendimento de soberania, esta continua a ser o conceito central do Direito e das relações internacionais e, de seguida, que com esse novo conceito a comunidade internacional começa a aceitar a ideia segundo a qual "[s]tate sovereignty implies responsibility, and the primary responsibility for the protection of its people lies with the state itself"[20]. Essa responsabilidade é exactamente a de proteger.

Mas, para ser exigida aos Estados, a responsabilidade de proteger terá de implicar a ideia da centralidade do Estado no quadro das relações internacionais, qualquer que seja o modo como se entende que ele deve exercer o seu papel[21], e de convocar necessariamente a ideia de segurança, que agora não pode ser exclusivamente militar, mas terá de ter como seu objectivo ou fim fundamental uma segurança de tipo diferente. Trata-se da segurança humana.

Janeiro de 2012

---

[19] Cfr. Thomas G. WEISS, *Humanitarian Intervention*, Malden, Polity, 2007, p. 22. Veja-se, ainda, nesta obra – a pp. 12 e segs. – os vários entendimentos do conceito de soberania.

[20] *Responsibility to Protect: Report of the International Commision on International and State Sovereignty*, cit., p. XI.

[21] Essa centralidade é aceite pela generalidade das teorias das relações internacionais, incluindo as teorias críticas, construtivistas e pós-modernas, mesmo quanto fazem a crítica do Estado e do seu papel na sociedade internacional. Sobre essas teorias veja-se, entre outros, Alexander WENDT, "Anarchy is what states make of it: The social construction of power politics", *in International Organization*, n.º 46, 1992, pp. 391-425; Andrew LINKLATER, *The Transformation of Political Community*, Columbia, University of South Carolina Press, 1998; Robert W. COX, *Approaches to World Order*, Cambridge, Cambridge University Press, 1999; João Pontes NOGUEIRA e Nizar MESSARI, *Teorias das Relações Internacionais*, S. Paulo, Campus, 2005.

Islam, Sharia and Democratic Transformation in the Arab World

ABDULLAHI AHMED AN-NA'IM*

Rebellions may mature into revolutions over time, in the lives of communities on the ground where native actors have been inspired to action by indigenous concerns. In the context of the modern state, sustainable and legitimate constitutions emerge from "national settlements" reached among native political forces and succeed to the extent they can mediate between domestic conflicts and tensions in political and social relations without attempting to impose preconceived rigid so-called "solutions". By constitution I mean constitutive norms of a political community, whether written or not, which may not have developed yet into a comprehensive normative system. For our purposes here in particular, to the extent that religion is integral to such conflicts, it must also be included in the process of constitutional mediation. This process of conflict mediation according to national settlements is organic to the history and context of each society and must take its own course. There are no short-cuts and no guarantees against setbacks and regression. In each rebellion/revolution, the people themselves must struggle to develop national settlements and pursue constitutional mediations.

---

* Este texto foi anteriormente publicado na revista *Die Friedens-Warte. Journal of Internatio-nal Peace and Organization: Rebellion and Revolution in the Arab Region – From the Perspective of Peace Research*, vol. 87, n.º 1, 2012, pp. 27-41. Reproduzimo-lo aqui por expressa indicação do autor.

External actors can support liberation struggles, but should not attempt to displace or impose on the independent agency of native actors. It is also important to emphasize the need for a patient, long-term view of the transformative processes we seek to achieve through rebellions/revolutions because the outcomes of such processes are contested and contingent, tentative and open to regression. As can be seen in the history of major transformative developments, like the American and French Revolutions, we could only evaluate their outcomes in retrospect. Yet we need to try to understand the interaction of actors and factors in current situations like those unfolding across the Arab world in order to decide, depending on who we are and where we are located, what to do and how to do it.

Finally on the scope and title, by "democratic transformation" I mean profound and sustainable structural democratization of political, social and economic relations, beyond the necessary but insufficient processes of democratic representation and governance. More specifically, I am concerned with the protection of human rights as both the end and means of democratic transformation, though it will not be possible to discuss many factors that are relevant to these processes. From this perspective, I see the significance of the 2011 rebellions across the Arab world as not only in the prospects for sustainable political, economic, and social transformations, but also in the possibility of transcending the post--colonial predicament of intellectual and political dependency.

There are many aspects to these processes anywhere in the world, but I am particularly concerned here with the role of Islam in the democratic transformation of the Arab world. As I have argued elsewhere[1] the role of Islam in such situations is contingent on various factors, including the human agency of believers and their moral choices, rather than being a conclusive pre-determined outcome, mandated by theological or historical imperatives. I mention the term Sharia in addition to Islam in the title of this article to emphasize that there is more to Islam than Sharia. According to Gordon Newby, "[t]he term [Sharia] refers to God's law in its divine and revealed sense. This is related to FIQH, which is the human process of understanding and implementing the law. Commentators have argued

---

[1] Cp. Abdullahi Ahmed AN-NA'IM, *African Constitutionalism and the Role of Islam*, Philadelphia, University of Pennsylvania Press, 2006.

that the aggregate of all sources by which we know God's law is but a small part of *shari'ah*, which, like God, is unknowable and must be accepted. When the word is used as synonymous with fiqh, it refers to the entirety of Sharia, often in its actual, historical, and potential sense. Following the original meaning of the Arabic word, it is said to be the source from which all properly Islamic behavior derives"[2].

Since the essence of the Quran, the divine source of Sharia, is with God beyond human comprehension[3], whatever human beings can understand of the Quran is fiqh (literally understanding). However, I use the term Sharia because it is commonly used in current Islamic discourse, and when writing in English I prefer Sharia over "Islamic law" to avoid confusing religious norms with positive state law. Moreover, I see the combination of infinite spiritual depth of Islam beyond Sharia with the diversity and evolving nature of Sharia as human interpretation and practice of divine guidance as indicating the possibility of Islamic principles influencing the development of national policies and legislation, without violating the principles of constitutional democratic governance or violating human rights norms. The question as I see it is about the parameters of the legitimate and realistic prospects of this possibility in relation to what I call Islamist politics.

By "Islamist politics" I am referring to political actors, whether organized as political parties or not, who are pursuing an agenda that they believe is mandated or required by their understanding and practice of Islam in general or Sharia in particular. Although local actors have the primary role in every transformative process, external actors, especially Western powers and civil society organizations, have contributed to unfolding events and seek to influence the local and regional outcomes of the Arab 2011 rebellions. Western powers and civil society organizations are very keen on averting the risk of "Islamists" coming to power in Egypt and other countries in the region, even at the cost of openly supporting oppressive regimes.

As a Sudanese who has closely followed and suffered from the systematic destruction of my home country as result of the ideological

---

[2] Cp. Gordon D. NEWBY, *A Concise Encyclopedia of Islam*, London, One World Publications, 2002, pp. 193-194.

[3] Cp. Quran 43: verses 3 and 4.

confusion and devious agenda of Islamist political forces, I have no illusions about the tragic costs of their rise to power. However, it is precisely because I understand the seriousness of this danger that I believe it must be confronted and defeated through the democratic process, rather than by suppression and exclusion of Islamists from the normal politics of the country. At the same time, unqualified commitment to constitutional democratic governance is the pre-requisite condition for political participation by any citizen or group of citizens. Islamists should be able to participate in the politics of their own country, like all other citizens, while being held accountable for upholding the constitutional democratic system and the protection of equal human rights for all. Islamists should not be permitted to advocate discrimination against women and non--Muslims and violate fundamental freedoms of belief and speech simply because such policies are unconstitutional.

This outcome is unavoidable if one is calling for the enforcement of traditional interpretations of Sharia by the state[4]. Discrimination against women and non-Muslims are so structural to the methodology and general principles of that normative system that they cannot be avoided without repudiating the integrity of the system itself. Yet, this would be totally inconsistent with the alleged religious justification of the policy. That is, one cannot claim to be implementing the will of God, while being selective about which principles to apply or withhold without justification for such selectivity from a Sharia point of view. Moreover, when Sharia principles are enacted as state law, they become the secular political will of the state, and not the religious law of Islam. Such contradictions, however, can be avoided by acknowledging the inherently secular nature of the state and its legislation[5]. Once that proposition is accepted, as I will show in the next section, it would be possible for political parties to call for policy and legislative propositions that are informed by Islamic ethical and jurisprudential principles without being implicated in violations of the constitution and legal system of the state.

---

[4] Cp. Mahmoud Mohamed TAHA, *The Second Message of Islam*, Syracuse, Syracuse University Press, 1987; Abdullahi Ahmed AN-NA'IM, *Toward an Islamic Reformation*, Syracuse, Syracuse University Press, 1990.
[5] Cp. Abdullahi Ahmed AN-NA'IM, *Islam and the Secular State*, Cambridge, Harvard University Press, 2008.

As a matter of current political practice, there are no significant demands for the enforcement of Sharia by the state in more than thirty out of forty Muslim-majority countries. From Senegal and the Gambia in West Africa and from Indonesia and Malaysia in Southeast Asia to the Central Asian Republic, the state and its legal system are secular. However, to the extent they exist, such demands are most strongly voiced in the Arab world. Moreover, Sharia is assumed to be the family law in almost all Muslim-majority states, which is also a major source of violation of the human rights of women[6]. To confront the serious negative constitutional, political and social costs of rising demands for the enforcement of Sharia in the Arab world, and to begin rolling back those negative consequences in the family law field as well, as I will argue in the last section of this chapter, it is necessary to understand the nature and popular appeal of these claims.

Whatever their particular organizational form may be, any Islamist group is simply another political force, and never a religious mandate. Their political appeal lies in their ability to present themselves as the "true voice" of their communities, the "authentic" expression of their people's right to self-determination, and the only effective alternative to corrupt and oppressive regimes. These groups are also able to draw on romantic and simplistic representations of Islamic history as a panacea to the social, political and economic problems of present Muslim-majority states. When they operate under oppressive conditions, Islamists can continue to speak in emotional, vague terms about their status as the "obvious and natural" alternative to oppressive regimes, without having to explain their political platform and action plan. Conversely, the most effective way of dealing with the risk of their coming to power in the Arab world is to allow them to operate legally and openly, in free and fair competition with all other political forces in the country.

I am therefore strongly urging that all political forces in the Arab region (or elsewhere in the Muslim world) should engage Islamists in open contestation like any other political force in the country. It is true that there is always the risk that some political force may use the democratic process

---

[6] Cp. Abdullahi Ahmed AN-NA'IM, "Sharia and Islamic Family Law: Transition and Transformation", *in* Abdullahi Ahmed An-Na'im (ed.), *Islamic Family Law in a Changing World: A Global Resource Book*, London, Zed Books, 2002.

to gain power and then change the rules of the game. As experience has shown, however, that risk has materialized with fascists and Marxists in Europe in the first half of the twentieth century, as well as Arab nationalists in Egypt, Iraq and Syria in the second half of the century. The legitimate and viable response to such risks from Islamists in the Arab world, as it has been with other political forces everywhere, is constant vigilance and accountability, rather than by denying citizens their constitutional rights to political participation before they commit any violation of the democratic process. As citizens of these Arab countries, Islamists are entitled to the same rights and are subject to the same obligations as their compatriots. They should neither be deprived of their human rights simply because some of us fear that they may someday overthrow the democratic order, nor should they be allowed to undermine the constitutional and democratic nature of the state. To contribute to such political contestation, I will now outline some arguments about the nature of Sharia and how it relates to the modern legal systems of Muslim-majority countries.

Sharia and the State in the Post-colonial Context

What came to be known among Muslims as Sharia was the product of a very slow, gradual and spontaneous process of interpretation of the Quran, and collection, verification, and interpretation of Sunna (traditions of the Prophet) from the seventh to the ninth centuries[7]. That process took place among scholars who developed their own methodology (*usul al-fiqh*) for the classification of sources, derivation of specific rules from general principles and so forth. It is beyond any dispute that the framework and main principles of Sharia were developed as an ideal normative system by scholars who were clearly independent of the state and its institutions[8]. It is also clear that the principle of consensus (*ijma*) acted as a unifying force in the development of Sharia during the ninth century, thereby drastically diminishing the role of creative juridical thinking (*ijtihad*) from the tenth century on. While some creative juridical thinking must have continued in response to changing circumstances of local communities, there was little change in the basic *structure and methodology* of Sharia for a thousand

---

[7] Cp. Noel COULSON, *A History of Islamic Law*, Edinburgh, Edinburgh University Press, 1964; Joseph SCHACHT, *An Introduction to Islamic Law*, Gloucestershire, Clarendon Press, 1964.
[8] Cp. Mohammad Hashim KAMALI, *Shari'ah Law: An Introduction*, London, One World Publications, 2008.

years. Moreover, recent calls for fresh juridical thinking still do not seek to change the basic principles of the methodology and parameters of *usul al-fiqh* as established by the tenth century[9].

The term Sharia is often used as if it were synonymous with Islam itself, to signify the totality of Muslim obligations in the private, personal religious sense, and in relation to social, political, and legal norms and institutions. This could be misleading in implying an immutable and final code. It may be helpful to distinguish between the *concept* of Sharia, as the infinite path or approach to God, from any particular interpretation of the *content* of Sharia, which comes through a specific human methodology of the interpretation of the Quran and Sunna in a particular *context* of time and place. While the concept of Sharia may be closer to its divine origin for believers, the human interpretation of its content in the concrete context of each community of believers is clearly secular – in the sense of worldly – process and outcome. Moreover, Sharia in any meaning is only the door or path into being Muslim and does not exhaust the possibilities of experiencing Islam.

In other words, striving to know and observe Sharia has always been the product of the human agency of believers because it is a system of meaning that is constructed out of human experience and reflection. "Although the law is of divine provenance, the actual construction of the law is a human activity, and its results represent the law of God *as humanly understood*. Since the law does not descend from heaven ready-made, it is the human understanding of the law – the human *fiqh* that must be normative for society"[10]. The historical understanding and practice of Sharia has been a process that evolved over time into a more systematic development according to one established methodology or another, both of which are bound to be the product of human experience and judgment, and not divine as such. As consensus on the methodology and content of the concept of Sharia evolved over time, it became more difficult to change those human interpretations of the normative system of Islam among believers. It is also clear, however, that the state had no role whatsoever

---

[9] Cp. Abdullahi Ahmed AN-NA'IM, *Toward an Islamic Reformation, op. cit.*.
[10] Cp. Bernard WEISS, *The Spirit of Islamic Law*, Athens, University of Georgia Press, 1998, p. 116 (emphasis in original).

in the interpretation of Sharia or determination of which normative principles apply to the determination of a case[11].

Another question to consider is the impact of the drastic transformation of the state into "nation states" with their European-inspired legal systems on the role of Sharia in the modern context. As a deeply contextual process, this transition worked very differently for various regions. In the Ottoman Empire of Eastern Europe, the Middle East and North Africa, the transformation was an internal process driven by the desire of Ottoman elites to incorporate European models of state administration and legal systems. In the Indian subcontinent, however, the transformation was achieved under direct British colonial rule. Another dimension of the transition relates to developments since independence, with the challenges of political stability, economic development and cycles of authoritarian and democratic regimes.

The most significant transformation of Islamic societies for our purposes here relates to the nature of the state itself in its local and global context. The establishment of European model nation-states for all Islamic societies, as part of a global system based on the same model, has radically transformed political, economic and social relations throughout the region. By retaining this specific form of political and social organization after independence from colonial rule, Islamic societies have freely chosen to be bound by a minimum set of national and international obligations of membership in a world community of nation-states. This includes certain human rights norms under customary international law, like the prohibition of torture, as well as under treaties. While there are clear differences in the level of their social development and political stability, all Islamic societies today live under national constitutional regimes (even where there is no written constitution) and legal systems that require respect for certain minimum rights of equality and non-discrimination for all their citizens. Even where national constitutions and legal systems fail to acknowledge and effectively provide for these obligations, a minimum degree of practical compliance is ensured by the political, economic, security, legal and other unavoidable realities of international relations[12].

---

[11] Cp. Knut VIKOR, *Between God and Sultan: A History of Sharia*, Oxford, Oxford University Press, 2005, pp. 174-180.
[12] Cp. Wael HALLAQ, *Shari'a: Theory, Practice, Transformations*, Cambridge, Cambridge University Press, 2009.

Being founded on and openly acknowledging these obligations, Muslim-majority states are legally bound by and politically accountable for these commitments.

The Irrelevance and Relevance of Sharia to Human Rights

In light of the preceding thesis and analysis, my view of the relevance of Sharia to the human rights obligations of the state can be summarized as follows:

1. According to current international law, *legal* human rights obligations can only be assumed by the state, but human rights doctrine and practice can draw on a wide variety of strategies and resources beyond the legal obligation of the state.

2. Whether Muslims understand and accept Sharia as the normative system of Islam is irrelevant to the state's obligation to respect and protect human rights norms, even if Muslims constitute the totality of the population. Any principle that is enforced by the state can overlap in normative content with a Sharia principle, but cannot be the Sharia principle as a religious norm when it is state law. The religious quality of a norm is different from its legal quality under state law, even when it relates to the same conduct like theft of other people's property. The religious quality relates to a sin and the state law quality to a crime. Accordingly, Sharia principles cannot be part of the legal system of the state as Sharia.

3. Muslims' perceptions of Sharia are relevant to the legitimacy and practical efficacy of the protection and implementation of human rights in Islamic societies and communities. Sharia norms may also influence the content of secular state law, as ethical and cultural norms and institutions of the community, through the process of civic reason.

4. The distinction between the lack of legal force and reality of political and cultural influence of Sharia is helpful for two reasons. First, the two types of relationships require different strategies of response by human rights advocates. Second, it is probably easier to contest the meaning and practice of cultural norms than to confront the legal order of the state, especially when it claims the religious sanctity of Sharia.

My general argument here is that the nature of Sharia as a religious normative system in contrast to state law as a secular political institution requires clear differentiation between the two in theory and separation in practice. It is true that the methodological and normative similarities between Sharia and state law, and the fact that they both seek to regulate human behavior, raise possibilities of dynamic interaction and cross--fertilization between the two. For such possibilities to materialize, however, we must first emphasize that Sharia cannot be enforced as state law and remain Sharia in the sense that Muslims believe it to be religiously binding. Since the enforcement of Sharia through state institutions negates its religious nature, the outcome will always be secular, not religious[13]. The state can be good or bad, democratic or despotic, but it is always secular and never religious.

The distinction I am proposing is also premised on the nature of the modern state as a centralized, bureaucratic, coercive political institution, which Islamic societies have inherited from European colonialism and have chosen to keep long after independence. This does not mean that all states are identical or that they are working well everywhere, as each operates within its own historical, political and economic context. The point to emphasize here is that the states of Islamic societies are not peculiarly Islamic or exceptional, as can be seen in the wide variety of states and their development throughout the Muslim world. In fact, the states of Islamic societies have more to do with colonial experiences and current conditions in different parts of the world than with the religious affiliation of their populations. For instance, states with predominantly Muslim populations in West Africa, like Senegal and Mali, have more in common with other states in that region than with the state in Saudi Arabia, Iran or Pakistan. In all these states, society may be "Islamic" in its own organic ways, while the state is secular in its own historically contextual ways.

What I am proposing does not dispute the *religious* authority of Sharia in society, but it does emphasize that that type of authority necessarily operates outside the framework of state institutions because they are simply incapable of having or exercising religious authority. Sharia is always relevant and binding on Muslims as they understand and practice it themselves[14], but not as declared and coercively enforced by the state. At the same time, principles of Sharia can be relevant to public discourse, provided the argument is made in terms of civic reason and not simply by assertions of what one believes to be the will of God. By civic reason I mean

---

[13] Cp. Abdullahi Ahmed AN-NA'IM, *Islam and the Secular State*, *op. cit.*, pp. 30-36.
[14] Cp. The Quran 6:164; 17:15; 35:18; 39:7; 52:21; and 74:38.

that the rationale and purpose of public policy or legislation is based on the sort of reasoning that the generality of citizens can accept or reject, without reference to any religious mandate. For example, theft is a sin for Muslims and a crime under the penal code of the states they live in, but it is not a crime because it is a sin. The process of civic reason also requires conformity with constitutional and human rights standards. Civic reason and reasoning, and not personal beliefs or religious obligation, are the necessary basis and framework for the adoption and implementation of public policy and legislation whether Muslims constitute the majority or the minority of the population of the state[15].

I am therefore arguing for two types of relationships between Sharia and state law when the two systems apply to the same human subjects within the same space and time. On the one hand, Sharia and state law are *different types of normative systems*, each based on its own sources of authority and legitimacy. This differentiation does not imply that either system is superior or more effective in regulating human behavior than the other. On the other hand, the possibilities of compatibility can draw on the similarities in methodology and normative content of these two systems. Sharia normally requires and sanctions obedience to state law in the interest of public peace and justice, and state law may in turn incorporate some principles of Sharia through civic reason subject to constitutional safeguards against discrimination on grounds of sex or religion.

In this way, I see Sharia and state law as complementary normative systems, without requiring either to conform to the nature and role of the other. The mediation of the relationship of the two systems is premised on a distinction (not dichotomy) between Sharia and state law to avoid confusing the function, operation and nature of outcomes when the two systems co-exist in the same space and apply to the same human subjects. If state law enforces a principle of Sharia, the outcome is a matter of state law and not Sharia; it does not have the religious significance of compliance with a religious obligation. Conversely, compliance with Sharia cannot be legal justification for violating state law. For Sharia and state law to be complementary, instead of being in mutually destructive conflict, each system must operate on its own terms and within its field of competence and authority. The proposed mediation can work through the legitimate

---

[15] Cp. Abdullahi Ahmed AN-NA'IM, *Islam and the Secular State, op. cit.*, pp. 92-101.

synthesis of Sharia and state law, whereby Sharia is seen as a jurisprudential tradition that Muslims can draw upon in formulating policy proposals, without asserting their religious conviction or cultural affiliation as the justification of those proposals.

This broader jurisprudential dimension does not imply that Sharia and state law can operate together as competing legal systems of any state. In view of the centralized, bureaucratic and coercive nature of the modern 'territorial' state, the secular legislative organs of the state must have exclusive monopoly on enacting state law, and secular judicial (and, as appropriate, administrative) organs must also have exclusive authority to interpret and apply that law. At the same time, principles of Sharia can be compatible with state law in substantive terms through the jurisprudential dimension[16]. The existence of strong similarities between Sharia principles of, for instance, contracts and property and corresponding principles in many modern legal systems should facilitate the incorporation of those principles into state law through what I call civic reason. For instance, the massive codification projects of the Al-Sanhouri, the Egyptian jurist, for several Arab states in the mid-twentieth century (1940s-1960s), illustrate the possibilities of such a synthesis of traditional Sharia jurisprudence and modern state law, whereby Sharia principles are "incorporated" into modern legal codes as secular state law, rather than Sharia as such[17].

Multiple Strategies for Protection of Human Rights

In the preceding section, I have emphasized that Sharia principles as such cannot be state law, although they may influence the content of secular state law through civic reason in the democratic process and may be subject to constitutional safeguards. The reason I am emphasizing this point is that it is particularly difficult for human rights advocates to resist the combined power of the coercive force of state law and religious authority of Sharia. When the state is neutral regarding religious doctrine and its legal consequences, the issue becomes a matter of public debate in civil society rather than defying the law of God and the state. It is extremely difficult to resist religious and social pressure in the community when

---

[16] Cp. Wael HALLAQ, Shari'a: Theory, Practice, Transformations, op. cit., pp. 296-306.
[17] Cp. Guy BECHOR, The Sanhuri Code, and the Emergence of Modern Arab Civil Law (1932 to 1949), Leiden, Brill, 2007.

calling for reform of some problematic aspects of historical interpretations of Sharia, but that is a different type of struggle than confronting the coercive authority of the state. The protection and promotion of human rights requires effective strategies for both types of struggle, but I believe it is helpful to distinguish the two in order to develop and deploy the appropriate strategy for each type.

I will now try to illustrate how this multiple strategies approach might work in the promotion and protection of the human rights of women in Muslim-majority states, especially those expecting good prospects of democratic transformation, like Tunisia. Although I have argued elsewhere that family law in Muslim-majority countries is not Islamic as it is commonly described because Sharia cannot be the law of the state[18], I will take some of its principles to illustrate my argument. The reason for this focus is that this aspect of state law is a major source of violation of the human rights of women, even in states which do not attempt to enforce Sharia in any other field. Yet, so-called Islamic family law (*Shari'at al-ahwal al-shakhsiyah*) is hardly ever resisted in its basic principles that are clearly discriminatory against women, like the exclusive right of the husband to unilaterally repudiate his wife (*talaq*). Whatever "reform" is achieved, it tends to focus on some procedural formalities, like registration with a state court or official, but never by challenging the principle itself[19].

Traditional interpretation of Sharia on which current state family law, usually by statutory legislation, is premised on the notion of male guardianship over women (*qawama*) and is consequently characterized by many features of inequality between men and women in marriage, divorce and related matters. For example, as a general rule, a man may take up to four wives and divorce any of them at will without having to show cause or account to any judicial or other authority for his decision. In contrast, a woman can only be married to one man at a time and is not entitled to obtain a divorce except through a judicial ruling on a few specific grounds. Although there are some differences between and within the major schools of Islamic jurisprudence, as applied by the judicial systems of various states,

[18] Cp. Abdullahi Ahmed AN-NA'IM, "Sharia and Islamic Family Law: Transition and Transformation", *op. cit.*.

[19] Cp. Abdullahi Ahmed AN-NA'IM (ed.), *Islamic Family Law in a Changing World: A Global Resource Book*, London, Zed Books, 2002.

the above-mentioned premise and characterization is true of where Sharia family law is enforced today.

The notion of male guardianship has serious implications for the marriage relationship as a whole and for the economic and social rights of married women. According to most scholars, a husband is entitled to the obedience of his wife and can prevent her from taking employment outside the home if he wishes. A wife who is disobedient to her husband is not entitled to maintenance. In some jurisdictions, a wife who leaves the matrimonial home can be physically forced to return through the execution of a judicial obedience decree. Moreover, these and other features of traditional Sharia have serious political and social consequences for women by limiting or inhibiting their freedom to engage in activities outside the home. These aspects of Sharia also reinforce and sanction the socialization of women from early childhood into submission and dependency on their fathers, brothers, husbands, and sometimes even their sons.

Most Muslim-majority states are parties to international treaties which provide for a wide range of human rights that are violated by Sharia family law applied by the official courts of the same states. It is therefore clear that these states are bound to change such aspects of their law in accordance with their obligations under international human rights law[20]. The question is how to achieve and sustain such change in practice. Here are three necessary strategies I propose:

First, as already emphasized, is to separate the legal authority of the state from the religious authority of Sharia. This would enable Muslim human rights advocates to seek *legal* reform without having to confront Sharia as such.

Second, to effectively pursue legal reform, these advocates should engage in various strategies of political mobilization needed for any legal reform, as well as specific strategies for the educational and economic empowerment of women to enable them to claim and exercise their own human rights in general.

Third, and most importantly for the subject of this article, is the development and propagation of what I call an Islamic hermeneutics for

---

[20] Cp. Abdullahi Ahmed AN-NA'IM, "State Responsibility under International Human Rights Law to Change Religious and Customary Law", *in* Rebecca J. Cook (ed.), *Human Rights of Women: National and International Perspectives*, Philadelphia, University of Pennsylvania Press, 1994.

human rights[21]. The question here is what to do about the non-legal power of the religious belief that seems to support discrimination against women in the family law field. In other words, how can the state be expected to have the political will to challenge the religious beliefs of its citizens in upholding equality for women in family law matters?

To my knowledge, the best methodology for addressing this particularly important and relevant strategy for the protection of the human rights of women in the family law field is that of the Sudanese Muslim reformer, *Ustadh* Mahmoud Mohamed Taha[22]. The theoretical framework within which this approach can best be understood, in my view, can be summarized as follows: Whether through the selection and interpretation of the relevant texts of the Quran and Sunna, or through the application of other methodological techniques of Islamic jurisprudence (*usul al-fiqh*), the founding scholars of Sharia constructed what they believed to be an appropriate normative system for their communities in very local terms. However, those scholars were clearly and explicitly aware that they were not constructing "divine and eternal" Sharia, as many Muslims seem to believe today. In fact, the most authoritative scholars expressed their views as individual views and strongly opposed attempts by state officials to codify or enforce those views as the only valid version of Sharia. It is therefore possible and appropriate by both the doctrine and ethos of early Muslim scholars for modern Muslim scholars to construct an Islamic normative system that is appropriate for the present context of Islamic societies.

Against this theoretical backdrop, the proposed approach argues that in constructing traditional interpretations of Sharia, the early Muslim scholars emphasized certain texts of the Quran and Sunna as relevant and applicable to the issue at hand and de-emphasized or excluded others. This process was taken by the majority of succeeding generations of scholars to mean that the de-emphasized texts were repealed or abrogated for normative purposes, though they remain part of the tradition in other respects. The methodology (*usul al-fiqh*) employed by the early scholars in constructing their visions of Sharia were entrenched by subsequent generations of Muslims as the only valid way of deriving principles and

---

[21] Cp. Abdullahi Ahmed AN-NA'IM, "Toward an Islamic Hermeneutics for Human Rights", *in* Abdullahi Ahmed An-Na'im *et al.* (eds.), *Human Rights and Religious Values*, Grand Rapids, William B. Eerdmans Publishing Company, 1995.

[22] Cp. Mahmoud Mohamed TAHA, *The Second Message of Islam, op. cit.*.

rules of Sharia. Given the fact that both aspects of this process were the work of the early Muslim scholars in the first place, modern Muslims can reconsider and reformulate the whole process and thereby develop an alternative interpretation of Sharia.

The basic idea in the methodology proposed by *Ustadh* Mahmoud Mohamed Taha is the reversal of the abrogation process by shifting from texts early scholars deemed applicable to other texts they deemed to be abrogated. It should be noted here that the existence of the two types of texts is commonly accepted by all Muslims. What is new in Taha's thinking is the possibility of reversal of the human strategy of abrogation, which most Muslims scholars take to be categorical and permanent. This methodological innovation makes it possible to abolish from an Islamic point of view the principle of male guardianship over females which is the primary rationale of every feature of inequality of women or discrimination against them. In addition to this foundational paradigm shift, Taha presents specific arguments on particular issues, like relying on the Quranic requirement of binding arbitration (*tahim*) to overcome a husband's claim of an exclusive right of unilateral repudiation (*talaq*) of his wife[23].

I must also recall here that, however theoretically coherent and persuasive Taha's may be, he was executed in Khartoum in January 1985, his books were banned and his movement was suppressed. Although the charges for which he was condemned to death were political, the religious charge of apostasy was added by a special court after the trial and was re-affirmed by President Numeiri in confirming the death penalty[24]. Nevertheless, the prevailing political and social environment throughout the Arab world and much of the Muslim world apparently endorsed the charge of apostasy and other repressive measures against Taha's movement. The question now is whether the current drive for democratization will finally enable these ideas and other similar ideas to be discussed and accepted or rejected by Muslims. This is not to say that Taha's approach must be accepted as the only Islamic hermeneutics for human rights. What I am calling for is opening up these issues for public debate and contestation, whether through this or any other approach. Such

---

[23] Cp. Mahmoud Mohamed TAHA, *The Second Message of Islam, op. cit.*.
[24] Cp. Abdullahi Ahmed AN-NA'IM, "The Islamic Law of Apostasy and its Modern Applicability: A Case from the Sudan, *in Religion*, vol. 16, 1986, pp. 197-223.

public discourse can also yield other methodologies of Islamic reform to supplement or replace Taha's approach.

In the final analysis, the so-called Arab spring will not mean much for Arab women, and human rights in general, unless it leads to genuine and sustainable democratic transformation. In my view, the process of participation in public discourse about Sharia and its implications for human rights is in itself empowering and transformative, even if positive outcomes cannot be realistically expected in the short term. As long as the state does not use its coercive power to restrict human rights, there is always the chance that people might be persuaded and decide to act in support of those rights. For that possibility to materialize, however, Muslims must insist on exercising their right to freely think, study, and debate with others and decide for themselves, even under the most oppressive conditions. The exercise of human rights is both the end and means of democratic transformation.

December 2011

The Arab Spring: An Egyptian Perspective

HAMDI SANAD LOZA

I would like to express my appreciation for the opportunity to visit this prestigious and vibrant University of Minho and to share with the distinguished participants in this conference some thoughts and observations regarding what is taking place in the Arab world.

Let me start with the title "the Arab Spring" which, as you know, is not originating from the region itself. In fact, the main concern in Tunisia, Egypt, then Libya and now Syria was to find a title consensual enough and a slogan powerful enough to motivate people to come in large numbers to the squares; slogans like "accountability for police torture", "enough terms for the president", "no to his son", "Friday of the martyrs", "Friday for the president to go"... and so on.

Things are moving and while we see less Friday slogans which may reflect a "revolution fatigue" and growing divisions. We can observe a deeper and wider discussion over other issues of concern.

- Whether January 25 was a real revolution or an unfinished, aborted, hijacked one? Are we in a transitional or pre-transitional period? Is there a need for a second revolution if the basic structures of the old regime are still there? Can we bring down the regime without the risk to bring down the Country?
- Is the main friction between civil versus military, liberal versus conservatives, or young versus old, and is the youth, who remain divided and without recognized leadership, capable of taking on these three fronts at the same time?

- Will the shape of the newly elected parliament reflect the spirit and the values of those who were and are still coming back to Tahrir Square? If not, which legitimacy should prevail?
- On a broader scale, a question is raised in view of the results of elections in Tunisia and Morocco, the preliminary results of elections in Egypt, statements by the new leadership in Libya and the course of events in Syria: where is the line between the Arab dimension and the Islamic dimension of developments in the region and where does the political Islam stands in the new Arab order?

For example:

- If it is an "Arab Spring", why is there so much interest in proposing Turkey, a non Arab country, as a model?
- Will the "contagion" spread necessarily to all Arab countries, and to Iran, a non Arab country, as many observers hope?
- Are those militants from Libya who offered to go to Syria to fight Assad's regime acting in the name of Arab solidarity?
- Is the call for a million-man march towards Jerusalem under the banner of Arab Nationalism or Jihad?

Our partners and neighbors in Europe adopted this concept of "Arab Spring" based on their experience with previous waves of democratization and they engaged from the early stages with their neighbors in the south within the limits imposed by their tremendous internal problems.

It is maybe time, almost a year after the early signals of the "Spring", to review the whole European response and its real impact on developments on the ground. By response I mean statements, visits, appointment of envoys, organization of conferences and seminars, training and capacity building of the civil society, adoption of documents and initiatives such as "the partnership for democracy and shared prosperity with the southern Mediterranean", the elaboration of a "task force" for specific countries like Tunisia and the establishment of a new financial facility including one called "Spring". To what extent this response is comprehensive and adapted to this new wave of democratization at a different time and towards a different culture compared to Eastern Europe 20 years ago?

The European Union (EU) is not the only organization concerned and involved with the Arab Spring, the Libyan case specifically will continue to raise serious questions as to:

- The motives and the dynamics that led the league of the Arab States to give its clearance or green light to the United Nations Security Council (UNSC) and to what extent the personality of Gaddafi and the feelings of other Arab leaders towards him contributed to that position?
- The process by which the UNSC translated this "go-ahead" into a resolution authorizing member states and regional organizations to take "all necessary measures" to protect civilians.
- And the way this resolution was interpreted by NATO and transformed in less than a week into the operation "unified protector" in order to implement it in all its aspects "nothing more, nothing less".
- For NATO members it's a success, with no need to deploy ground forces and no loss of life. The operation is proudly presented as a model of what could be accomplished by strong and consensual international effort with regional partner's contribution.
- But for non NATO members, for the Libyans, all Libyans after they count their losses, for neighboring countries witnessing large scale movement of arms and ammunitions across their borders, for the Arab League which ventured too far at a time of uncertainties and for some permanent members of the UNSC who may have found that they lost control of the situation at a certain stage of the process, the whole matte needs further consideration.

The Syrian case seems to be the first for the international community after the Libyan precedent.

- We can see a strong determination and incremental pressure by the Arab League which imposed sanctions and pushed for a monitoring presence while stressing that it resists calls for "the internationalization" of the crisis.
- The EU did not hide its objective and determination to see Assad step aside immediately. While expressing support for the efforts of the Arab League, it seemed to encourage, to say the least, the Secretary-

-General of the Arab organization to refer the issue to the UNSC on the base that the crisis represents a threat to regional stability. It is worth noting here that the EU expression of interest in "exploring ways of giving EU-Arab League dialogue a more visible and engaged format", once we will know what it means may represent a change in EU policies which avoided as much as possible in the past such upgrading of relations.

– During the special session of the Human Rights Council on the second of December, reports and statements described human rights violations in Syria as systematic and of a widespread nature and amount to crimes against humanity. There was a call for a referral by the UNSC to the International Criminal Court while some delegations expressed, although timidly, their reservations regarding some procedural and substantive issues in the work of the Council such as the alert mechanism, the country-specific mandates and the responsibilities of non-state actors.

– Today, the Syrian case is still unsolved. Violence and repression is still taking place. The debate on the responsibility to protect imposes itself and will certainly be influenced by positions and actions regarding the Arab Spring.

– Before concluding, let me just mention that in a region as complicated as the middle east, people need to feel that the humanitarian concern is sincere and does not differentiate between victims, that the responsibility to protect is genuine, that the legal interpretations are consistent and based on one not double standards and that political strategies and economic interests are not the real motives or the expected price behind decisions to impose sanctions or use force.

– I am confident this conference will contribute positively to this debate and that the Syrian people, and all other peoples in the region including the Palestinians, will be able to fulfill their aspirations for freedom, dignity, democracy and social justice.

December 2011

A Primavera Árabe, a Europa e o Mediterrâneo

PEDRO CARLOS BACELAR DE VASCONCELOS

O desejo de mudança e de reformas políticas e sociais profundas que foi inicialmente saudado sob a designação de "Primavera Árabe" irrompeu primeiro na Tunísia e logo a seguir no Egito, para depois se estender a leste, ao longo da margem Sul do Mediterrâneo, à Líbia e a Marrocos, atravessando por fim o Mar Vermelho para alcançar o Yemen, o Bahrain, a Jordânia e a Síria. O movimento colheu de surpresa toda a gente, correndo à velocidade da internet e das comunicações móveis, propagando-se pela juventude urbana da costa mediterrânica. Ben Ali, o ditador da Tunísia, fugiu, o que facilitou a abertura imediata do processo de reformas democráticas. A inesperada persistência dos manifestantes da Praça da Liberdade, no Cairo, provocou ao cabo de três semanas a queda de Mubarak, abandonado, por fim, pelos militares que o suportavam. Os monarcas de Marrocos e da Jordânia procuraram antecipar-se às reivindicações populares, anunciando o propósito de lançar reformas mais ousadas e abriram a porta aos procedimentos constitucionais.

Todavia, na Líbia, o processo de democratização iria enfrentar grandes dificuldades que a intervenção da NATO, infelizmente, não pode evitar nem cuidou de prevenir. A extensão da violência e a multiplicação dos massacres iriam vitimar o próprio tirano deposto, Muammar Kadhafi. A intervenção militar internacional exibiu ali uma energia desmesurada que ultrapassou largamente o âmbito humanitário que originalmente lhe assinalava a resolução do Conselho de Segurança que a legitimou –uma demonstração de zelo, enfim, que contrasta flagrantemente com o alcance minimalista reconhecido à "responsabilidade de proteger" na Síria de Bashar al-Assad. A "responsabilidade de proteger" foi consagrada pelas Nações Unidas no Documento Final da Cimeira de 2005, e aí se afirma que é uma responsabilidade primária dos Estados proteger as suas populações do genocídio, dos crimes de guerra, da limpeza étnica e prevenir análogas atrocidades, uma responsabilidade que é parte integrante dos atributos de soberania dos Estados mas que apenas permanece como sua competência exclusiva até que se demonstre a sua incapacidade de o garantir. Trata-se de um conceito normativo que desenvolve o princípio emergente do Direito internacional, no final do século passado, que sustenta que a violação grave e generalizada dos direitos humanos pode fundar um "direito de ingerência humanitário" e até o "uso da força" contra um Estado soberano. A vertente militar do "uso da força", porém, há de ser, por regra, sempre estritamente limitada e puramente instrumental.

O rastilho que desencadeou a explosão democrática que varreu a margem Sul do Mediterrâneo, do Norte de África até ao Médio Oriente, vem sendo encarado com excessiva distância e cepticismo numa Europa enredada na sua crise interna com grande dificuldade em agarrar esta oportunidade histórica para superar velhos ressentimentos e construir uma relação sólida de confiança e de cooperação com os seus vizinhos. A Primavera Árabe representa também uma preciosa oportunidade para desmentir os falsos profetas do "choque de civilizações" que deram por inevitável a generalização planetária da guerra e do conflito de religiões. A Europa não teria chegado a existir sem o Mediterrâneo nem subsistirá sem ele. As suas tremendas debilidades estão expostas com enorme clareza: a impotência diplomática no conflito israelo-palestiniano, as fragilidades da NATO expostas na Líbia, as ambiguidades e inconsequência na construção da união monetária, a rendição aos interesses dos mercados financeiros internacionais, a ascensão perigosa dos egoísmos nacionalistas.

A transformação do Mediterrâneo num espaço de paz e boa vizinhança é um interesse central dos europeus, por muito difícil e distante que se possa configurar a realização plena de tão ambicioso objetivo. A Primavera Árabe põe à prova a determinação e a sinceridade do empenhamento da União Europeia em assumir um comportamento coerente na defesa dos direitos humanos, da solidariedade internacional e da democracia, na invocação e no uso da "responsabilidade de proteger", na condução dos processos de alargamento da União para o Leste e o Sul.

É fundamental que o Mediterrâneo saiba reencontrar a sua vocação ancestral como espaço de comunicação intercontinental, de convivência pacífica entre os povos que habitam as suas margens, de diálogo e de partilha entre culturas, de coexistência de crenças e construção de civilizações.

Dezembro de 2011

As ambiguidades da responsabilidade de proteger: o caso da Líbia

JOSÉ MANUEL PUREZA

> "Authorizes Member States that have notified the Secretary-General, acting nationally or through regional organizations or arrangements, and acting in cooperation with the Secretary-General, to take all necessary measures, [to] protect civilians and civilian populated areas under threat of attack in the Libyan Arab Jamahiriya, including Benghazi, while excluding a foreign occupation force of any form on any part of Libyan territory".

> (Resolução do Conselho de Segurança n.º 1973, de 17 de março de 2011)

A intervenção da NATO na Líbia – Operação "Unified Protector", iniciada em março e dada como terminada em outubro de 2011 – estribou-se na figura da responsabilidade de proteger. Com efeito, as resoluções adotadas pelo Conselho de Segurança das Nações Unidas em fevereiro e março desse ano sobre a crise – respetivamente, resoluções 1970 (2011) e 1973 (2011) – invocaram quer "a responsabilidade das autoridades líbias de proteger a população líbia" como a responsabilidade "de todos os Estados membros de darem todos os passos necessários para assegurar a proteção de civis".

Neste texto pretendo muito sumariamente situar o conceito de responsabilidade de proteger no contexto político e jurídico que lhe conferiu sentido e que lhe define os contornos e analisar a evolução que, ao longo da última década, se registou relativamente ao seu alcance. Só este exercício permitirá avaliar com rigor o significado que a intervenção na Líbia terá tido em matéria de reforço ou de fragilização desta figura.

1. A Responsabilidade de Proteger no seu contexto

A responsabilidade de proteger é uma expressão da importância que o discurso humanitário assumiu na ordem internacional do pós-guerra fria. Ela situa-se na convergência entre o clima intelectual e político da hegemonia da paz liberal e o chamado "novo humanitarismo".

1.1. A paz liberal

Segundo Oliver Richmond, "a globalização tem sido apresentada quer como solução para os conflitos através da promoção da liberalização, da democratização, do desenvolvimento, dos direitos humanos e do comércio livre – tal como prescrito pelo conceito de paz liberal – quer como agente de hegemonia, da dominação da economia, das normas e dos atores ocidentais sobre os demais"[1]. Na verdade, a paz liberal tornou-se a grande narrativa dos tempos do pós-guerra fria, em que o triunfo da democracia liberal foi sendo reforçado pela crescente imposição de um intervencionismo internacional que faz uso da retórica dos valores liberais – como o humanitarismo, a democracia e os direitos humanos – para legitimar os seus propósitos de transformação global. As diferentes intervenções internacionais concretas que, sob a égide das Nações Unidas ou com outro formato, têm vindo a dar rosto à ambição de construir uma paz positiva (*peace building*) e não apenas de manter uma paz negativa (*peace keeping*) – do Camboja a Angola, ao Kosovo, a Timor-Leste ou ao Afeganistão, entre tantas outras – partilham um mesmo entendimento de que o modo de governação é o garante dessa paz positiva. Só que, diferentemente do que Kant prescrevia para o sistema interestatal marcadamente homogéneo do seu tempo, o suporte contemporâneo dessa paz-como-governação já não é mais cada constituição nacional mas antes uma espécie de código global de boas práticas de estruturação e gestão dos Estados[2], consolidado por muitos procedimentos de vária ordem – designadamente por diferentes

---

[1] Cfr. O. RICHMOND, "The Globalization of Responses to Conflict and the Peacebuilding Consensus", *in Cooperation and Conflict*, vol. 39, n.º 2, 2004, p. 131.

[2] Cfr. M. DUFFIELD, *Global governance and the new wars. The merging of development and security*, Londres, Zed Books, 2001.

condicionalidades estabelecidas por plataformas internacionais de "doadores". Nesse sentido, as operações de paz levadas a cabo nos últimos 25 anos foram pensadas como "uma experiência que envolve a transposição de modelos ocidentais de organização social, política e económica para países devastados por guerras como forma de controlar os conflitos civis: por outras palavras, a pacificação através da liberalização política e económica"[3].

Ora, não obstante o facto de a paz-como-governação pretender reconstruir Estados e nações em termos radicais, e não obstante o facto de este objetivo implicar o retorno de cenários que não estão longe de uma lógica de recolonização de zonas de conflito na periferia do sistema-mundo, o certo é que, por força quer dos seus intérpretes quer dos seus fundamentos ideológicos, a paz liberal se tornou numa narrativa consensual. Por um lado, o protagonismo de redes de atores privados marcados por uma imagem de altruísmo – especialmente organizações não-governamentais – contribui assinalavelmente para a formação de amplos consensos éticos e políticos em torno das experiências de *peace building*. Por outro lado, a apresentação destes processos como algo despolitizado facilita o reforço desse consenso. Na verdade, *state building, nation building, capacity building, institutional building* são assumidas como meras dimensões de um trabalho "técnico"[4] e nunca como expressões de escolhas políticas fundadoras. É sobre essa alegada tecnicidade da "boa governação" que repousa aquilo a que Susan Woodward chama o *internationally responsible state*, isto é, "a state that fulfils the tasks that outsiders consider necessary for their own national interests and for international order"[5]. A despolitização é pois a marca da retórica que funda a padronização dos modelos de boa governação. Sob essa retórica abriga-se a estratégia dos *peacebuilders*, uniformizada em escala global: a construção de Estados vestefalianos e weberianos q.b.. Sob o disfarce retórico de mera técnica sem política, a paz liberal é afinal o rosto de uma nova fase da relação entre centro e periferia, "com o centro

---

[3] Cfr. R. PARIS, "Peacebuilding and the limits of liberal internationalism", *in International Security*, vol. 22, n.º 2, 1997, p. 55.

[4] Cfr. C. BICKERTON, *Politics without sovereignty. A critique of contemporary international relations*, Oxon, University College London Press, 2007, p. 99.

[5] Cfr. S. WOODWARD, "Peace building and 'failed states': Some initial considerations", *in* José Manuel Pureza *et al.*, *Peacebuilding and failed states: some theoretical notes*, Oficina do CES, n.º 256, 2006, p. 25.

a continuar a definir os padrões de comportamento aceitável e as agências internacionais de *peace building* a servirem de correias de transmissão desses padrões para a periferia"[6].

1.2. O "novo humanitarismo"

Ora, por paradoxal que possa parecer, é nesse contexto de aparente despolitização dos processos de transformação dos quadros institucionais que geram e perpetuam – segundo esta visão dominante – a insegurança estrutural dos *non-insured*[7] que ganha sentido o "novo humanitarismo", quer do ponto de vista do diagnóstico que perfilha dos fatores geradores de vítimas quer do ponto de vista da ação tida como adequada para os combater.

De acordo com Karlos Pérez de Armiño[8], a emergência do novo humanitarismo – que "apresenta diferenças filosóficas e práticas relativamente à conceção clássica da ajuda humanitária, tendo adquirido em meados dos anos noventa um caráter hegemónico ao ser assumido pela maior parte dos governos doadores, das agências multilaterais e de boa pate das ONG" – deveu-se fundamentalmente a dois fatores. Em primeiro lugar, o impacto das críticas a diversas operações humanitárias que puseram em destaque não só a natureza paliativa e não sustentável dessas operações como inclusivamente a sua ajuda objetiva à perpetuação dos conflitos e/ou à supremacia dos perpetradores de violações graves do Direito humanitário. Em segundo lugar, a multiplicação e a grande visibilidade das "emergências políticas complexas" no pós-guerra fria, em que se misturavam a privatização e disseminação social do emprego da violência armada com a falência das estruturas administrativas dos Estados e dos circuitos económicos de produção e distribuição, dando origem a crises humanitárias alegadamente de tipo novo. A ação humanitária foi, neste contexto, assumida como a "resposta principal da comunidade Internacional aos conflitos internos de

---

[6] Cfr. R. PARIS, "International peacebuilding and the 'mission civilisatrice'", *in Review of International Studies*, n.º 28, 2002, p. 654.

[7] Cfr. M. DUFFIELD, "Global civil war: The non-insured, international containment and post-interventionary society", *in Journal of Refugee Studies*, vol. 21, n.º 2, 2008.

[8] Cfr. K. PÉREZ DE ARMIÑO, *La vinculación ayuda humanitaria-cooperación al desarrollo. Objetivos, puesta en práctica y críticas*, Bilbao, Hegoa, 2002, p. 6.

início dos anos noventa"[9]. A estes dois fatores adiciona Lourdes Benavides[10] um terceiro: uma progressiva mutação do entendimento da soberania, de negativa (poder discricionário sobre o território e a população) para positiva (responsabilidade do Estado pelos usos do território e pelo modo de tratamento das pessoas sob sua jurisdição), suscitando assim a criação de mecanismos de "correção" para situações de exercício impróprio das competências soberanas que evidenciem um distanciamento condenável face a conteúdos mínimos da referida responsabilidade.

Da convergência entre estes fatores veio a resultar uma alteração paradigmática do perfil da ação humanitária: a intenção clássica de salvar vidas e aliviar o sofrimento das vítimas de desastres ou de conflitos armados deu lugar a uma ação orientada para a construção de uma paz duradoura, assente na segurança humana e no desenvolvimento humano[11]. Subjaz a esta alteração profunda uma compreensão das vítimas não mais como seres individuais e passivos objeto de assistência mas cada vez mais como atores coletivos com um papel ativo quer no quadro dos conflitos armados quer no tempo chamado de pós-conflito e aí perspetivadas quer como sujeitos dos processos de reconstrução seja como potenciais ameaças para a segurança regional ou global (fluxos de refugiados, envolvimento em redes de terrorismo internacional, etc.). O foco da ação humanitária passou assim a ser a criação e desenvolvimento de mecanismos locais de superação das vulnerabilidades endémicas e de apoio à resiliência das populações que as protagonizam.

O espaço humanitário tradicional, desenhado pelos critérios da imparcialidade, neutralidade, universalidade e independência e regido pelo imperativo humanitário da assistência indiferenciada, segundo uma lógica de compaixão despolitizada, foi progressivamente substituído por um "novo espaço humanitário" não só muito menos delimitado – a missão de redesenhar estruturas sociais, institucionais e económicas como forma de erradicar os fatores geradores da conflitualidade inscreveram-no inapelavelmente na arena da disputa política – como pensado numa lógica

---

[9] Cfr. I. RUIZ-GIMÉNEZ ARRIETA, *Las "buenas intenciones": Intervención humanitaria en África*, Barcelona, Icaria Editorial, 2003, p. 17.

[10] Cfr. L. BENAVIDES, "El regimen internacional del 'nuevo humanitarismo'", *in Relaciones Internacionales*, n.º 12, 2009, p. 112.

[11] Cfr. D. NASCIMENTO, "Humanitarianism at the crossroads: Dilemmas and opportunities of the 'War on Terror'", *in Portuguese Journal of International Affairs*, Autumn/Winter, 2009.

consequencialista que dá primazia aos resultados sobre os princípios e usa estratégias de condicionalidade como forma de os atingir, com assunção da inerente possibilidade de aplicação seletiva da ajuda humanitária. Na verdade, ao focar-se na promoção da paz, dos direitos humanos e do desenvolvimento e ao condicionar a permanência da assistência à obtenção de resultados nesses planos, o novo humanitarismo "marca um repúdio do direito universal à assistência em contextos de crise"[12].

Nesta mudança de perspetiva sobre o que deve ser a ação humanitária vai, pois, transportada também uma mudança das perceções das agências humanitárias sobre as sociedades alvo da sua ação. Como lembra Lourdes Benavides, "as sociedades recetoras de ajuda deixaram de ser consideradas vítimas passivas dos conflitos para passarem a ser vistas como agentes ativos, com capacidade transformadora e de construção da paz, se forem adequadamente 'empoderadas' nos processos. Também são consideradas como parte potencial de dinâmicas destrutivas, em caso contrário"[13].

O caminho do humanitarismo clássico para o novo humanitarismo exprime a mudança de hegemonia no campo humanitário da perspetiva "socorrista" para a perspetiva "alquimista", para usar as sugestivas imagens de Michael Barnett[14]. A primeira professa um humanitarismo centrado no socorro de emergência e assume a modéstia desse mandato e da sua articulação com os princípios da neutralidade e da independência como o modo certo de garantir um efetivo acesso às populações vitimadas. Os "alquimistas", por seu turno, adotam a transformação das relações sociais, políticas, económicas e culturais – onde situam as raízes dos conflitos – como condição para que os indivíduos possam ter vidas mais produtivas, saudáveis e dignas[15]; o trabalho político desloca-se assim para o centro da sua missão. Barnett identifica a este respeito uma linha de continuidade entre os abolicionistas de começos do século XIX, os movimentos missionários de fins desse século, as agências de desenvolvimento de meados do século XX e os programas de *peace building* do dealbar do século XXI[16].

---

[12] Cfr. F. FOX, "New humanitarianism: Does it provide a moral banner for the 21st century?", *in Disasters*, vol. 25, n.º 4, 2001, p. 280.

[13] Cfr. L. BENAVIDES, "El regimen internacional del 'nuevo humanitarismo'", *op. cit.*, p. 109.

[14] Cfr. M. BARNETT, *Empire of humanity. A history of humanitarianism*, Ithaca e Londres, Cornell University Press, 2011.

[15] Cfr. M. BARNETT, *Empire of humanity...*, *op. cit.*, p. 39.

[16] Cfr. M. BARNETT, *Empire of humanity...*, *op. cit.*, p. 40.

1.3. O paradoxo do novo humanitarismo: entre a militarização e a tecnicização

A ambiguidade é a marca do novo humanitarismo. Por um lado, ao servir de suporte legitimador dos novos contornos do intervencionismo internacional – e, nesse sentido, ao assumir um traço de politização qualificada ou mesmo extremada – o novo humanitarismo surge crescentemente associado a dinâmicas de militarização. Por outro lado, porém, no exato momento em que assume ambições políticas que vão além da prestação de socorro individual, o humanitarismo nega a natureza política da sua implementação.

A partir da década de noventa do século passado, instalou-se uma crescente associação entre operações militares internacionais e ação humanitária. Desde logo, a Agenda para a Paz de Boutros-Ghali abriu portas à securitização da ajuda humanitária ao sugerir a inclusão das violações em larga escala de direitos humanos fundamentais e as deslocações forçadas maciças no elenco das ameaças à paz a considerar pelo Conselho de Segurança. Por outro lado, o investimento institucional na articulação entre resolução de conflitos e reconstrução pós-bélica fomentou uma articulação mais densa entre ação humanitária e construção da paz, que se expressou em orientações para a política de ajuda humanitária como a "do no harm"[17] ou a do "diagnóstico de impactos sobre paz e conflito"[18].

Com a intervenção no Kosovo em 1999, deu-se um passo mais no sentido da militarização da ação humanitária. A apologia de intervenções integradas (*comprehensive approach*)[19] expressou a passagem de um princípio de coerência para o primado da complementaridade, da procura de objetivos comuns ou mesmo da subordinação da ação humanitária aos objetivos militares[20], a que o Relatório Brahimi primeiro e a Doutrina

---

[17] Cfr. M. ANDERSON, *Do no harm. How aid can support peace-or war*, Boulder, Lynne Rienner Publishers, 1999.

[18] Cfr. K. BUSH, *A measure of peace: Peace and conflict impact assessment (PCIA) of development projects in conflict zones*, Working Paper 1, Ottawa, International Development Research Center, 1998; K. PÉREZ DE ARMIÑO e I. ZIRION, *La acción humanitária como instrumento para la construcción de la paz. Herramientas, potencialidades y críticas*, Bilbao, Hegoa, 2010.

[19] Cfr. Crisis Management Initiative, *Comprehensive Approach: Trends, challenges and possibilities for cooperation in crisis prevention and management*, Helsínquia, Ministry of Defense, 2008; The Joint Doctrine & Concepts Centre, *The comprehensive approach*, Swindon, Ministry of Defense, 2006.

[20] Cfr. L. BENAVIDES, "El regimen internacional del 'nuevo humanitarismo'", *op. cit.*, p. 120.

Capstone depois deram guarida. O Manual de Contra-Insurgência das Forças Armadas dos Estados Unidos da América sintetiza exemplarmente esta imbricação entre acção humanitária e intervenção militar: "Os soldados devem ser construtores de países (*nation-builders*) tanto quanto são combatentes. Devem estar preparados para ajudar no restabelecimento de instituições e das forças de segurança locais e para apoiar a reconstrução de infra-estruturas e de serviços básicos. Devem estar igualmente habilitados a facilitar o estabelecimento de mecanismos de governação local e de primado da lei. A lista destas tarefas é longa: levá-las a cabo envolve intensa coordenação e cooperação com muitas instâncias intergovernamentais e do Estado local". A militarização do humanitarismo – patente em fórmulas de parceria civil-militar como as *provincial reconstruction teams*[21], os *strategic framework agreements* ou as missões integradas[22], na fixação de diretrizes técnicas para as operações de paz multilaterais e na elaboração de doutrinas militares como a das Mass Atrocity Response Operations (MARO) dos Estados Unidos[23] – reforçou a transformação em curso na identidade da acção humanitária: se ela tinha já mudado do velho perfil socorrista para um perfil de trabalho político exigido pela sua inserção nas missões de *peace building*, o *comprehensive approach* inscreveu-lhe uma terceira lógica identitária: a da contenção. O objetivo do novo humanitarismo não é outro senão o de manter as periferias turbulentas dentro do sistema global, garantindo que permanecerão na condição de periferias e que a sua turbulência ameaçadora diminuirá significativamente. No quadro ideológico do programa da paz liberal, este novo humanitarismo serve pois a causa do intervencionismo nas periferias turbulentas, promovendo os valores, as formas de organização e a racionalidade vestefaliana-weberiana como supostas respostas às raízes mais profundas dos conflitos e como mecanismos de prevenção estrutural da geração de massas humanas carenciadas de assistência humanitária.

---

[21] Cfr. N. ABBASZADEH *et al.*, *Provincial Reconstruction Teams: Lessons and recommendations*, Princeton, Woodrow Wilson School of Public and International Affairs, 2008.
[22] Cfr. A. HARMER, "Integrated missions: A threat to humanitarian security?", *in International Peacekeeping*, vol. 15, n.º 4, 2008; E. WEIR, *Conflict and compromise: The UN integrated missions and the humanitarian imperative*, KAIPTC Monograph n.º 4, 2006.
[23] Cfr. A. BELLAMY e P. WILLIAMS, "The new politics of protection? Côte d'Ivoire, Libya and the responsibility to protect", *in International Affairs*, vol. 87, n.º 4, 2011, p. 850.

Paradoxalmente, esta híper-politização do humanitarismo provocou uma reação de retorno à sua representação discursiva como um tipo de ação não-política[24]. Este reflexo de re-fechamento do espaço humanitário[25] reavivou o entendimento do humanitarismo como forma muito singular de abordar os conflitos e emergências complexas fundamentada numa narrativa centrada nas vítimas. Essa focagem permite equacionar as transformações estruturais por ela justificadas não como escolhas políticas mas como imposições técnicas orientadas para a obtenção de um resultado consensualmente desejado – e que, por isso, amortece os contrastes entre as escolhas. A hegemonia contemporânea desta perspetiva consensualista e técnica centrada nas vítimas e patente num vocabulário próprio ("parcerias", *empowerment* local", "capacitação") integra uma constelação de conceitos – *failed states*, novas guerras, etc. – que se assume como contraponto da ênfase que, em meados do século XX, era dada a declinações diferentes da autodeterminação (descolonização, auto-suficiência, soberania permanente sobre os recursos naturais, Nova Ordem Económica Internacional) como alternativa para as periferias turbulentas. Na verdade, o consensualismo e a roupagem técnica dão ao novo humanitarismo um inequívoco traço de continuidade com o paternalismo que o primado da autodeterminação combateu.

1.4. A responsabilidade de proteger, ou o tenso casamento entre a biopolítica e a geopolítica

Convirá recordar que, quando em 2001 o conceito de responsabilidade de proteger emergiu[26], o debate então provocado pela pretensão de impor uma mutação aos pilares da ordem jurídica internacional herdada da Carta das Nações Unidas (não intervenção, soberania territorial, proibição do uso individual da força), sustentada na tese da necessidade de contornar a potencial inoperacionalidade do Conselho de Segurança em matéria de autorização do uso da força e na retórica hipertrofiadora do lado perverso da impunidade das soberanias, tinha – talvez surpreendentemente – evidenciado resistências porventura tão pujantes quanto as dos apoios

---

[24] Cfr. L. BENAVIDES, "El regimen internacional del 'nuevo humanitarismo'", *op. cit.*, p. 122.
[25] Cfr. M. DUFFIELD, *Development, security and unending war*, Cambridge, Polity Press, 2007, pp. 130-132.
[26] Cfr. ICISS, *The Responsibility to Protect*, Ottawa, International Development Research Centre, 2001.

àquelas mudanças. Toda a polémica em torno da chamada "intervenção humanitária" havia sido fortemente polarizada entre uma conceção juridicista e fechada da soberania territorial de um lado e, do outro, uma compreensão da mesma soberania como obstáculo à plena afirmação da proteção internacional dos direitos humanos.

De algum modo, a figura da responsabilidade de proteger surgiu como recurso tático para acolher as preocupações essenciais subjacentes à ideia de "intervenção humanitária" dando-lhes todavia uma resposta que retirasse força ao argumento crítico da continuidade com o intervencionismo de perfil colonial[27]. A forma encontrada no relatório da Comissão Internacional sobre Soberania e Intervenção Internacional teve como intenção essencial identificar essa "terceira via" entre a absolutização da não intervenção e a abertura virtualmente ilimitada ao seu oposto. Na síntese muito clara do Secretário-Geral da ONU, "a intervenção humanitária colocava uma falsa alternativa entre dois extremos: ou não fazer nada (*standing by*) diante do crescendo de mortes de civis, ou enviar forças militares para proteger as populações vulneráveis e ameaçadas. Compreensivelmente, os Estados membros mostraram-se relutantes a escolher entre estas incomensuráveis alternativas"[28].

O relatório de 2001 arranca desse bloqueamento patente no debate sobre a intervenção humanitária – cita no início o relatório do Secretário-Geral da ONU sobre a Declaração do Milénio: "se a intervenção humanitária é, de facto, uma violação inaceitável da soberania, como devemos nós responder ao Ruanda e a Srebrenica – às violações grosseiras e sistemáticas dos direitos humanos que afetam todos os preceitos da nossa comum humanidade?" – para depois ensaiar uma estratégia de distanciamento face à demasiada centralidade dos Estados naquele debate e desse modo tentar esvaziar a referida polarização. Assim, ao colocar o foco da análise no facto gerador da responsabilidade que é a violação em larga escala de direitos humanos e na garantia da segurança humana para as pessoas em condição de vulnerabilidade, o relatório deixa de dar espaço para "uma hierarquia entre indivíduos e Estados" e "afasta-se quer de um Estado estático

---

[27] Cfr. A. BELLAMY, *Responsibility to protect: The global effort to end mass atrocities*, Londres, Polity Press, 2009, p. 52.

[28] Cfr. B. KI MOON, *Implementing the responsibility to protect*, Report of the Secretary-General, United Nations General Assembly Doc. A/63/677, 12.01.2009, p. 6.

e reificado quer de direitos humanos descontextualizados"[29]. No entanto, essa estratégia de contornar as dificuldades suscitadas pela validade fundamental do princípio da soberania dos Estados fica a meio do caminho. É que, por mais que a Comissão tente evitar encará-la, a verdade é que essas violações maciças de direitos humanos têm sujeitos. E, sendo assim, a imputação de responsabilidades determina um regresso – porventura não desejado – ao estatocentrismo e às suas consequências. A partir daí, tudo se resume a estabelecer o ponto a partir do qual se determina que o Estado não quer ou não consegue proteger[30]. Ou seja, *"[b]y moving from the right to intervene to the responsibility to protect, the Commission has shifted the focus, but only up to a point"*[31]. Na verdade, a construção do relatório de 2001 acaba por não se distanciar suficientemente das anteriores conceptualizações da intervenção humanitária na exata medida em que sustenta que o incumprimento da responsabilidade de proteger pelo Estado "local" investe a comunidade internacional, a título supletivo, na garantia dessa proteção através de formas de intervenção de intensidade variável. Nas palavras de Daniel Warner, "ao enfatizar a segurança humana e os direitos humanos como prioridades, o relatório fragilizou a soberania dos Estados sem identificar uma alternativa responsável. A comunidade internacional não pode proteger indivíduos por períodos prolongados. Ela não pode ser o garante dos direitos humanos"[32].

Este conturbado arranque da afirmação da responsabilidade de proteger esteve na origem de todo um caminho de moldagem da noção que mais vincou aquele propósito tático de esvaziar a polarização entre soberania dos Estados e direitos humanos concebida como inevitável jogo de soma zero. Na verdade, como afirma Chandler, se "em 2001 a resposta à alternativa entre não fazer nada e a intervenção militar era desafiar a soberania para admitir a intervenção militar, em 2009 a resposta àquela mesma alternativa

---

[29] Cfr. D. WARNER, "The Responsibility to Protect and Irresponsible, Cynical Engagement", *in Millennium – Journal of International Studies*, n.º 32, 2003, p. 111.

[30] Cfr. D. WARNER, "The Responsibility to Protect and Irresponsible, Cynical Engagement", *op. cit.*, p. 112.

[31] Cfr. D. WARNER, "The Responsibility to Protect and Irresponsible, Cynical Engagement", *op. cit.*, p. 113.

[32] Cfr. D. WARNER, "The Responsibility to Protect and Irresponsible, Cynical Engagement", *op. cit.*, p. 114.

consiste em evitar qualquer daqueles resultados através de um reforço da soberania que previna a necessidade de uma intervenção militar"[33].

Para esta viragem foi de importância decisiva a Cimeira Mundial de 2005 organizada pelas Nações Unidas sobre este tema. É certo que aí o princípio da responsabilidade de proteger – com as suas dimensões fundamentais: responsabilidade dos Estados de protegerem as suas populações contra o genocídio, os crimes de guerra, a limpeza étnica ou os crimes contra a humanidade; obrigação de assistência da comunidade internacional e dever de ação atempada e decidida em caso de incumprimento da responsabilidade do Estado – foi adotado por unanimidade, e posteriormente reiterado quer em resoluções do Conselho de Segurança – 1674 (2006) e 1894 (2009) – quer em relatórios do Secretário-Geral quer ainda através da criação de um secretariado comum para a responsabilidade de proteger e a prevenção do genocídio[34]. Ora, este reforço normativo e institucional da responsabilidade de proteger foi a par com uma clara inflexão na sua formulação discursiva: da focagem na responsabilidade da comunidade internacional na prevenção de atrocidades em larga escala, na reação contra elas e na reconstrução posterior, o discurso dominante passou a colocar o núcleo definidor da responsabilidade de proteger nas responsabilidades dos Estados "frágeis" ou "falhados/em falência" e na inerente necessidade de lhes ser prestada ajuda. Houve, refere Chandler, uma "inversão da problemática fundamental do Relatório da Comissão Internacional sobre Intervenção e Soberania dos Estados – o problema identificado passou a ser a capacidade institucional de alguns Estados soberanos e não a soberania como obstáculo jurídico [à intervenção]"[35]. É precisamente nesse sentido que vão as observações do atual Secretário-Geral, no seu relatório de 2010: "a responsabilidade de proteger é um aliado da soberania, não um adversário. Ela radica numa noção positiva e afirmativa da soberania como responsabilidade e não na conceção mais restritiva de intervenção humanitária. Ao ajudar os Estados a cumprirem as suas responsabilidades essenciais de proteger, a responsabilidade de proteger procura reforçar a

---

[33] Cfr. D. CHANDLER, "R2P or not R2P? More statebuilding, less responsibility", *in Global Responsibility to Protect*, n.º 2, 2010, p. 163.

[34] Cfr. A. BELLAMY e P. WILLIAMS, "The new politics of protection?...", *op. cit.*, p. 827.

[35] Cfr. D. CHANDLER, "R2P or not R2P?...", *op. cit.*, p. 164.

soberania e não enfraquecê-la. Ela procura ajudar os Estados a serem bem sucedidos e não apenas reagir quando eles falham"[36].

Ora, esta "moderação tática" da conceção originária da responsabilidade de proteger, ao vincar com mais clareza o papel meramente supletivo da comunidade internacional e ao conferir inequívoca centralidade à solidez das instituições e das respetivas capacidades, evidencia uma filiação numa matriz de pensamento liberal, para a qual as atrocidades em causa são, mais que tudo, o produto de comportamentos individuais e das estruturas institucionais descontextualizados de relações económicas e sociais concretas. Em última análise, a colocação do essencial da carga de responsabilidade no Estado "local" operada por esta reconfiguração da responsabilidade de proteger serve uma estratégia de ocultação das responsabilidades causais da comunidade internacional, à qual é confiado um papel disciplinador sem nunca se equacionarem as cumplicidades, ativas ou por negligência, da mesma comunidade internacional com a geração de condições para a ocorrência das atrocidades em causa, incluindo a fragilização institucional e regulatória dos Estados da periferia. Acompanho, pois, o comentário de David Chandler: "entender a violência em larga escala como produto de indivíduos oportunistas e de incapacidades institucionais distancia duplamente os políticos ocidentais: primeiro, atribuindo a responsabilidade a indivíduos que alegadamente 'fazem escolhas políticas deliberadas e calculadas'; segundo, afirmando que esses cálculos dependem do quadro institucional do Estado em causa, o que implica que um quadro institucional correto minimizaria a possibilidade de os atores políticos escolherem a violência em larga escala em vez da cooperação"[37].

A evolução conceptual da responsabilidade de proteger, sendo de grande relevância, apresenta todavia cruciais traços de continuidade com as estratégias que lhe deram origem em 2001. O essencial dessa continuidade reside, em meu entender, nas contradições endógenas da combinação contemporânea entre um Direito Internacional da geopolítica com um Direito Internacional da biopolítica. Se o primeiro mantém como pilares da ordem internacional a não intervenção, a soberania territorial e a proibição do uso da força nos termos da Carta das Nações Unidas, o segundo tem como referência fundamental a flexibilização/fragilização da

---

[36] Cfr. B. KI MOON, *Implementing the responsibility to protect, cit.*.

[37] Cfr. D. CHANDLER, "R2P or not R2P?...", *op. cit.*, p. 166.

Carta – designadamente do seu capítulo VII – em homenagem à prevalência do regime jurídico de proteção internacional dos direitos humanos e da inerente responsabilidade de proteger as populações civis em todas as circunstâncias. Ora, como já referi, a ordem biopolítica global é, ela própria, atravessada por uma ambiguidade indisfarçável: se, por um lado, ela coloca no centro do seu discurso a defesa das pessoas e da sua dignidade (concretizada em conceitos como segurança humana ou desenvolvimento humano), por outro lado é em nome desses primados benignos que ela se efetiva como controlo, hierarquização e contenção que dão expressão à disciplina das periferias turbulentas como prioridade efetiva do centro. E o eixo central dessa disciplina é hoje a promoção/imposição em escala global de um modelo de "good governance" condensador dos adquiridos institucionais e jurídicos políticos do Estado weberiano-vestefaliano ocidental. A governação global, enquanto governação do centro sobre a periferia do sistema-mundo, assume como programa o estabelecimento de formas de "governação terapêutica"[38] das periferias. É esse o rosto contemporâneo da velha *mission civilizatrice* do centro sobre a periferia e a responsabilidade de proteger é dela uma expressão fundamental no nosso tempo.

2. A Operação "Protetor Unificado" na Líbia: Marcha Atrás na Responsabilidade de Proteger

Lembram Alex Bellamy e Paul Williams que o Conselho de Segurança autorizou intervenções com recurso a "todos os meios necessários" para a proteção de civis em diversos casos anteriores à intervenção na Líbia em 2011: Haiti, República Democrática do Congo, Sudão, Libéria, Serra Leoa, Burundi e Costa do Marfim. "Mas – sublinham – a Resolução 1973, de 17 de Março de 2011, sobre a situação na Líbia marca a primeira vez que o Conselho autorizou o uso da força para fins de proteção humana contra a vontade de um Estado em atividade"[39].

A génese da intervenção é conhecida. No contexto das chamadas "Primaveras Árabes", o protesto social organizado em diversas cidades líbias (em especial Benghazi e Tobruk), que tomou como pretexto a prisão do

---

[38] Cfr. V. PUPOVAC, "Therapeutic governance: Psycho-social intervention and trauma risk management", *in Disasters*, vol. 25, n.º 4, 2001.

[39] Cfr. A. BELLAMY e P. WILLIAMS, "The new politics of protection?...", *op. cit.*, p. 825.

ativista dos direitos humanos Fathi Terbil, foi objeto de severa repressão policial e militar, originando relatos de um número sempre indeterminado de mortos (entre 1.000 e 10.000). A sucessão de pronunciamentos diplomáticos, incluindo da Alta Comissária das Nações Unidas para os Direitos Humanos e do próprio Secretário-Geral, instando as autoridades líbias a porem termo à repressão, centraram invariavelmente a sua fundamentação na consideração de que se estaria diante de um problema de proteção das populações e conduziram à criação de uma comissão de inquérito no âmbito do Conselho de Direitos Humanos da ONU em fevereiro e à expulsão da Líbia daquele organismo em março. A polémica em torno da veracidade dos factos invocados como geradores de uma crise humanitária na Líbia[40] é intensa e certamente nunca será conclusiva. Desde a multiplicação de *raids* aéreos da força aérea líbia para bombardeamento de civis indefesos até à angariação pelos apoiantes de Khadafi de mercenários em massa para operações de contra-insurgência, passando pela prática em larga escala de crimes de violação, as acusações feitas ao regime líbio animaram uma intensa dramatização mediática – "onirismo informativo", chama-lhe criticamente Sensini[41] – de contornos muito semelhantes aos postos em prática em casos anteriores (Iraque, Líbano, ...) para legitimar o uso da força.

Não cabe neste texto retomar essa polémica, nem tão pouco analisar outras motivações – alegadamente mais fundas e verdadeiras – da intervenção da NATO. Referirei apenas que, nesse outro plano de interpretação, marcam presença três razões principais: em primeiro lugar, a apropriação dos enormes recursos petrolíferos da Líbia (estimados em 60.000 milhões de barris com custos de extração muito baixos), ou das suas reservas de gás natural (estimados em 1 bilião e 500.000 milhões de metros cúbicos que fazem da Líbia o quarto maior produtor africano, atrás da Nigéria, Argélia e Egito) e as estratégias de concorrência entre grupos empresariais italianos (ENI), alemães (Wintershall) e russos (Gazprom), por um lado, e franceses, britânicos e norte-americanos por outro[42]; em segundo lugar,

---

[40] Cfr. M. FORTE, "A victory for the Libyan people? The top ten myths in the war against Libya", *in Counterpunch*, edição de 31 de agosto de 2011; D. JOHNSTONE, "Another NATO intervention? Libya, is this Kosovo all over gain?", *in Counterpunch*, edição de 7 de março de 2011; P. SENSINI, *Libia 2011*, Foligno, Jaka Books, 2011, p. 113.

[41] Cfr. P. SENSINI, *Libia 2011, op. cit.*, p. 119.

[42] Cfr. P. SENSINI, *Libia 2011, op. cit.*, p. 148.

a disputa do controlo dos fundos soberanos líbios, de 200.000 milhões de dólares, pelos bancos centrais da França, Reino Unido e Estados Unidos da América[43]; e, em terceiro lugar, a anulação preventiva do projeto de constituição dos Estados Unidos da África e da adoção de uma moeda única autónoma relativamente quer ao dólar quer ao euro, com forte impulso político e financeiro da Líbia de Khadafi[44].

Cabe, isso sim, registar neste texto dois factos, dada a sua importância para a questão que pretendo avaliar: o modo como a noção de responsabilidade de proteger se afirmou na intervenção da NATO na Líbia. O primeiro desses factos é que a evolução da revolta civil e da resposta do regime de Khadafi degenerou em guerra civil. Num comentário publicado em março de 2011, Mary Kaldor advertia já para o risco – entretanto tornado realidade – de se verificar uma evolução conducente "tal como no Iraque, a uma 'nova guerra' prolongada (*protracted new war*)"[45], com todos os ingredientes por ela recenseados como elementos definidores de uma "nova guerra": disputa de controlo do território, privatização do uso legítimo da força armada, captura de recursos pelos diferentes grupos em conflito e sua circulação através de redes de economia paralela, sobreposição entre estratégias de combate e criminalidade organizada, etc. Na identificação das raízes mais fundas desta guerra civil, algum discurso essencialista coloca o ressurgimento das identidades tribais como elemento justificador. Sem desdenhar a importância desse fator, importa sublinhar que o próprio tribalismo foi integrado na estratégia de conquista e gestão do poder por Khadafi, num jogo inteligente entre o sublinhado das diferenças e a negociação de pactos e alianças. O essencialismo desta explicação tribal não resiste, porém, à constatação da tensão crescente que se foi instalando na sociedade líbia entre os resultados socio-culturais de uma concentração urbana crescente e o fechamento do regime político associado a uma deterioração das condições de vida provocada pela marginalização internacional dos anos oitenta e noventa que a reabilitação mais recente não inverteu suficientemente. Ainda que persistam identidades clânicas diferenciadas, a realidade social líbia deve ser lida com outras

---

[43] Cfr. P. SENSINI, *Libia 2011*, *op. cit.*, p. 151.

[44] Cfr. P. SENSINI, *Libia 2011*, *op. cit.*, p. 156.

[45] Cfr. M. KALDOR, "Libya: War or humanitarian intervention?", *in Open Democracy*, edição de 29 de março de 2011.

lentes analíticas, designadamente a da estrutura de classes[46]. E, a essa luz, a explosão social de fevereiro de 2011 encontra uma explicação não de primordialismo culturalista mas sim de pressão social e económica originada nas pretensões de uma classe média em ascensão totalmente bloqueadas pelo regime de Trípoli.

O segundo facto a registar é que a criação de uma zona de exclusão aérea justificada pela obrigação de proteger civis envolveu, segundo números da própria NATO, cerca de 8.000 militares, mais de 260 equipamentos aéreos e 21 navais, com um total de 26.500 operações militares, das quais 9700 com utilização efetiva de armamento (incluindo mísseis Tomahawk com meia tonelada de explosivos cada). Neste uso maciço da força militar se materializou a implementação das resoluções 1970 e 1973 do Conselho de Segurança.

A primeira, adotada por unanimidade logo em 26 de fevereiro, condena "a violência e o uso da força contra civis", deplora "a brutal e sistemática violação dos direitos humanos, que inclui a repressão contra manifestantes pacíficos" e rejeita "de forma inequívoca o incitamento à hostilidade e à violência contra a população civil praticado pelas mais altas esferas do governo líbio". Nesse sentido, "evocando a responsabilidade das autoridades líbias de proteger sua população", e "agindo em conformidade com os termos do Capítulo VII da Carta das Nações Unidas", o Conselho "exige o fim imediato da violência", "insta as autoridades líbias a [garantir] a entrada com segurança de suprimentos humanitários e médicos e de agências e profissionais humanitários no país", "decide encaminhar a situação da Grande Jamahiriya Árabe Popular Socialista da Líbia, iniciada em 15 de fevereiro de 2011, ao Procurador do Tribunal Penal Internacional", "decide que todos os Estados membros adotarão imediatamente as medidas necessárias para evitar o fornecimento, venda ou transferência, de forma direta ou indireta, à Grande Jamahiriya Árabe Popular Socialista da Líbia [de] armas e todos os tipos de materiais correlacionados", "decide que todos os Estados membros adotarão as medidas cabíveis para evitar a entrada ou a circulação em seus territórios" de dezasseis altas individualidades do regime líbio, "decide que todos os Estados membros congelarão sem

---

[46] Cfr. A. A. AHMIDA, *Forgotten Voices. Power and agency in colonial and postcolonial Libya*, Londres, Routledge, 2005; M. B. BAMIEH, "Is the Libyan revolution an exception?", *in Mufttah*, 2011, texto disponível em http://muftah.org/?p=956 [17.05.2011].

demora todos os fundos, outros bens financeiros e recursos económicos que estejam em seus territórios e que sejam de propriedade" de seis dessas personalidades, cria um comité de sanções com mandato para supervisionar o cumprimento destas medidas e "insta todos os Estados membros [a] facilitar e apoiar o retorno de entidades humanitárias e disponibilizar a assistência humanitária" à Líbia.

A intensificação das medidas de força por parte do Conselho de Segurança, patente na Resolução 1973, adotada em 17 de março com 10 votos a favor (entre os quais o de Portugal) e 5 abstenções (China, Rússia, Alemanha, Brasil e Índia), foi o resultado do ativismo franco-britânico, articulado com organizações regionais como a Liga Árabe, a Organização da Conferência Islâmica e o Conselho de Cooperação do Golfo, em favor do estabelecimento de uma zona de exclusão aérea[47]. A posição da Liga Árabe, expressa em declaração de 12 de março, é particularmente enfática a respeito da necessidade da zona de exclusão aérea para a proteção de civis: "*a precautionary measure that allows the protection of the Libyan people and foreign nationals residing in Libya, while respecting the sovereignty and territorial integrity of neighbouring States*".

A Resolução 1973 determina que "a situação na Líbia continua a constituir uma ameaça para a paz e segurança internacionais" e, em conformidade, atuando no quadro do capítulo VII da Carta, "exige um cessar-fogo imediato e o fim a violência e de todos os ataques e abusos contra civis" e que "as autoridades líbias cumpram as suas obrigações com o direito internacional, incluindo o direito internacional humanitário, os direitos humanos e dos refugiados e tome todas as medidas para proteger civis e atender as suas necessidades básicas e para assegurar a rápida e desimpedida passagem da ajuda humanitária". Nesse sentido, o Conselho de Segurança "autoriza os Estados-Membros [a] tomar todas as medidas necessárias para proteger os civis sob a ameaça de ataque na Líbia, incluindo Benghazi, excluindo uma ocupação estrangeira de qualquer forma em qualquer parte do território da Líbia" e "decide estabelecer uma proibição de todos os voos no espaço aéreo da Líbia a fim de ajudar e proteger os civis" excetuando apenas aqueles "cuja única finalidade é humanitária – como para entrega ou facilitação da prestação de assistência, incluindo suprimentos médicos, alimentação ou agentes humanitários".

---

[47] Cfr. A. BELLAMY e P. WILLIAMS, "The new politics of protection?...", *op. cit.*, p. 841.

Ora, a realidade para lá da letra das resoluções foi bem diferente. Face ao modo concreto como foram conduzidas as operações militares, é manifesto que essa diferença se situou em dois planos complementares entre si. O primeiro foi o do sentido último do mandato da intervenção. O segundo foi o da relação entre os meios empregues e a finalidade consagrada na Resolução 1973.

Ao declarar "queremos apoiar a oposição que se ergueu contra o ditador", a Secretária de Estado norte-americana Hillary Clinton trouxe para o centro do debate a fiabilidade da proteção de civis como causa efetiva da intervenção militar ou, no mínimo, a problemática da relação entre a proteção de civis e outros fins como a mudança de regime[48]. No Conselho de Segurança, esse debate teve ecos através de declarações dos representantes dos Estados membros que se abstiveram na votação da Resolução 1973. Assim, por exemplo, o representante do Brasil afirmou que "interpretações excessivamente amplas da proteção de civis [poderiam] criar a perceção de que ela é usada como cortina de fumo para uma intervenção ou uma mudança de regime"[49]. A declaração de Clinton – como depois outras de responsáveis políticos, diplomáticos e militares dos Estados mais diretamente envolvidos na intervenção – deixa margem para perguntas fundamentais: proteção de civis e apoio aos rebeldes tornou-se uma e a mesma coisa? O estabelecimento de uma zona de exclusão aérea inscreveu-se numa lógica defensiva e protetora ou ofensiva em vista da mudança de regime? O "apoio à oposição que se ergueu contra o ditador" tornou-se entretanto em mandato *de facto* da missão da NATO de tal forma que a proteção dos rebeldes e o apoio militar que lhes foi dado se transformou no *modus operandi* das forças de intervenção? A "cortina de fumo" referida pelo representante do Brasil foi um facto indesmentível. Desde o início, a proteção de civis foi, no mínimo, amalgamada com a tomada de partido na guerra civil, em favor dos rebeldes, ao ponto de o próprio Ministro da Defesa do Reino Unido ter declarado publicamente que Khadafi poderia ser um objetivo legítimo da operação.

Esta agenda implícita da intervenção foi evidentemente o suporte para uma condução operacional da intervenção que excedeu em muito uma interpretação literal do quadro estabelecido pela Resolução 1973.

---

[48] Cfr. A. BELLAMY e P. WILLIAMS, "The new politics of protection?...", *op. cit.*, p. 846.
[49] *Apud* A. BELLAMY e P. WILLIAMS, "The new politics of protection?...", *op. cit.*, p. 848.

O Secretário-Geral da Liga Árabe, Amr Moussa sublinhou de forma clara essa desconformidade: "O que está a acontecer na Líbia difere do objetivo de uma zona de exclusão aérea. O que nós queremos é a proteção de civis, não o bombardeamento de mais civis"[50]. O representante da Índia no Conselho de Segurança deu também voz a esse "sentimento de desconforto sobre o modo como o imperativo humanitário de proteger civis foi interpretado na atuação no terreno"[51]. Ao invés de uma interpretação restritiva da Resolução 1973 – aconselhada, aliás, pela expressividade das críticas suscitadas pelos Estados que optaram pela abstenção – o que ocorreu foi uma, aliás esperada, interpretação liberal da expressão "todos os meios necessários" nela consagrada. Não tendo sequer equacionado a inclusão nesses meios de esforços diplomáticos de alto nível para a obtenção de um efetivo cessar das hostilidades ou do envio de observadores internacionais (iniciativa aliás explicitamente aceite pelo regime de Trípoli), os responsáveis pela intervenção optaram por entendê-la como um cheque em branco para uma escalada do uso da força[52], com bombardeamentos contra objetivos sem qualquer relação com a garantia do cumprimento da zona de exclusão aérea e exclusivamente vocacionados para um reforço das forças rebeldes no seu confronto com Khadafi e os seus apoiantes.

Conclusão

A intervenção da NATO na Líbia configura um retrocesso na dinâmica evolutiva que o discurso sobre a responsabilidade de proteger vinha registando desde 2005. A centragem desta figura, ensaiada desde então, sobre o reforço de capacidades dos Estados institucionalmente frágeis e o inerente dever de assistência da comunidade internacional foi completamente ignorada e a proteção de civis revelou-se uma cobertura pouco convincente para uma operação de *regime change* levada a cabo com recurso de alta intensidade à força militar posto ao serviço de uma das partes numa guerra civil. Por ser assim, a intervenção na Líbia dá renovada sustentação à crítica à responsabilidade de proteger enquanto figura de continuidade com um intervencionismo disciplinador do centro sobre as periferias turbulentas, que mistura superioridade moral com a identificação de

---

[50] *Washington Post*, edição de 20 de março de 2011.
[51] *Apud* A. BELLAMY e P. WILLIAMS, "The new politics of protection?...", *op. cit.*, p. 847.
[52] Cfr. P. BENNIS, *UN declares war on Libya*, Institute for Policy Studies, 2011, texto disponível em http://www.ips-dc.org/articles/un_declares_war_on_libya [17.05.2012].

parceiros confiáveis para alianças políticas e comerciais. Tratou-se, lembra Richard Falk, de "uma força encapotada de uso ilegal da força, combinada com o incumprimento, pelo Conselho de Segurança, do dever de garantir a anulação da distância entre o seu mandato e a operação no terreno". E acrescenta: "O tipo de campanha aérea levada a cabo, ao inflacionar e exceder o mandato das Nações Unidas estabelecido na Resolução 1973 do Conselho de Segurança, desacreditou a autoridade das Nações Unidas para a manutenção da paz"[53].

Os prosélitos da responsabilidade de proteger invocam em favor da figura a sua capacidade para afastar em definitivo as contradições e riscos presentes no discurso da intervenção humanitária. Ora, esse argumento não colhe e a intervenção na Líbia aviva as razões da sua não aceitação. Como lembra o mesmo Richard Falk, o problema essencial da responsabilidade de proteger é que "ela desvaloriza o papel da geopolítica na diplomacia das decisões quer de intervir quer de não intervir. Esconder este elemento fundamental do processo de decisão atrás de uma cortina de linguagem moralizadora faz com que falar de responsabilidade de proteger em vez de intervenção humanitária convide a equívocos e encoraje ambições imperiais".

A lição maior que a intervenção da NATO na Líbia nos dá é, porventura, a de que a referência à responsabilidade de proteger como se ela fosse uma abstração benigna não é senão uma estratégia legitimadora de um intervencionismo com propósitos que vão muito além – ou se afastam totalmente – de objetivos humanitários. O discurso jurídico-político da biopolítica global está prenhe de armadilhas. Só a cuidadosa referência de cada caso concreto à relação de forças materiais e ideológicas em presença permite escapar aos seus cantos de sereia.

Maio de 2012

---

[53] Cfr. R. FALK, *Can humanitarian intervention ever be humanitarian?*, 2011, texto disponível em http://richardfalk.wordpress.com/2011/08/04/can-humanitarian-intervention-ever-be-humanitarian/ [17.05.2012].

Intervenção Humanitária e Intervenção Democrática: Recurso à Força para Garantir Direitos Fundamentais?

MARIA DE ASSUNÇÃO DO VALE PEREIRA

Neste breve apontamento, iremos começar por apurar o que entendemos por intervenção humanitária e por intervenção democrática, fazendo depois uma análise da intervenção da NATO na Líbia para verificar se cabe em qualquer daqueles conceitos para, finalmente, concluirmos, em termos mais gerais, acerca da bondade e adequação dos mesmos para a proteção dos direitos do homem.

1. Os conceitos de intervenção humanitária e de intervenção democrática: similitudes e diferenças

Intervenção humanitária e intervenção democrática são conceitos que surgiram mais pela via doutrinal do que propriamente pela pretensão dos Estados em afirmá-los[1]. Em nosso entender – porque estamos cientes de que há autores que subscrevem entendimentos que não são totalmente coincidentes com o nosso –, estes conceitos visam essencialmente afirmar

---

[1] A verdade é que os Estados, quando recorrem à força armada, tentam sempre reconduzir essa sua atuação – ainda que, por vezes, através de raciocínios mais ou menos tortuosos – às exceções ao princípio da proibição do uso da força que a Carta das Nações Unidas contempla, ou seja, invocando tratar-se de uma situação de legítima defesa ou de uma atuação ao abrigo de uma resolução do Conselho de Segurança que a autorizara.

duas novas exceções ao princípio da proibição do uso da força, que a Carta das Nações Unidas (CNU) consagra no seu artigo 2.º, n.º 4[2].

Como decorre, em ambos os casos estamos face a intervenções em sentido estrito, isto é, com recurso à força armada, e de carácter unilateral – independentemente de se tratar de uma intervenção singular ou plural –, ou seja, fora do sistema de segurança coletivo definido na Carta das Nações Unidas, pelo que esse recurso à força terá lugar fora do contexto da legítima defesa (individual ou coletiva) e sem autorização do Conselho de Segurança. Além disso, também em ambos os casos, esse uso da força não será levado a cabo com autorização ou consentimento do Estado em que cujo território terá lugar[3].

No entanto, as motivações que conduzem a esses dois tipos de intervenção diferem. Assim, enquanto na intervenção humanitária o recurso à força armada visa a proteção de um grupo de pessoas cujos direitos fundamentais estão a ser violados de forma grave e generalizada pelo Estado ou por terceiros – sendo que, neste último caso, o Estado em questão não revela interesse ou capacidade em protegê-lo –, na intervenção democrática (por vezes, designada *intervenção contra a tirania*), o recurso à força visa "impor ou auxiliar o estabelecimento de um regime democrático num país, quando esse auxílio se revela – ou, ao menos, aparenta ser – indispensável"[4], regime esse que tende a ser visto como fator de proteção dos direitos do homem. Portanto, ao contrário do que acontece na intervenção humanitária em que se visa a defesa de um grupo destacado (por via negativa) no Estado em que tem lugar a intervenção, na intervenção democrática

---

[2] Recorde-se o teor da referida disposição que não se limita a proibir uso da força, mas proíbe também a ameaça do seu uso: "Os membros deverão abster-se nas suas relações internacionais de recorrer à ameaça ou ao uso da força, quer seja contra a integridade territorial ou a independência política de um Estado, quer seja de qualquer outro modo incompatível com os objetivos das Nações Unidas". Autores como Fernando Tesón incluem, como exemplos de intervenção humanitária, casos em que o recurso à força armada foi autorizado pelo Conselho de Segurança, pelo que cabem nas exceções admitidas pela própria Carta das Nações Unidas, não podendo, por conseguinte, ser vistos como tentativa de afirmar nova exceção àquele princípio. Sustenta, portanto, um conceito de intervenção humanitária mais lato do que aquele por nós adotado. Cfr. Fernando TESÓN, *Humanitarian Intervention: An Inquiry into Law and Morality*, 2.ª ed., New York, Transnational Publishers, 1997.

[3] Caso em que não haveria uso da força contra o Estado em que a mesma ocorre.

[4] Cfr. Maria de Assunção do Vale PEREIRA, *A Intervenção Humanitária no Direito Internacional Contemporâneo*, Coimbra, Coimbra Editora, 2009, p. 55.

tendencialmente toda a sociedade do Estado em que a mesma ocorre será beneficiada pois toda ela potencialmente colherá os frutos da democracia, ainda que esta haja sido imposta por via das armas. Além disso, a perspetiva temporal destes dois tipos de intervenção é também diferente, uma vez que a intervenção humanitária, ao ter por objetivo fazer cessar as violações graves que se verificam sobre os direitos dos membros de um grupo, atua sobre situações já ocorridas, enquanto a intervenção democrática – sem deixar de ter em conta a situação dos direitos humanos no Estado, que muitas vezes a impulsionam – tem sobretudo uma perspetiva de futuro, ao pretender que os membros da sociedade constitutiva do Estado em que a intervenção se verifica passem a beneficiar das vantagens da democracia aí implantada.

A limitação temporal de cada um destes tipos de intervenção decorre dos próprios objetivos por eles prosseguidos. Assim, a intervenção humanitária deve durar o tempo mínimo, mas suficiente, para que o seu desiderato possa ser alcançado, não podendo prolongar-se para além disso. Por seu lado, a intervenção democrática prolongar-se-á, em muitos casos, até se verificarem as primeiras eleições livres, geralmente sob supervisão internacional.

Refira-se que os defensores da intervenção democrática sustentam que ela tem vantagens acrescidas, uma vez que é um fator de promoção da paz (a que está associado um outro efeito – a limitação do terrorismo), por um lado; e também porque haveria uma tendência para os países vizinhos daquele em que a intervenção ocorreu adotarem o modelo democrático. O primeiro aspeto decorreria da "assunção de que as democracias raramente entram em guerra umas com as outras e, portanto, um crescimento do número de Estados democráticos implicaria, e em boa verdade encorajaria, um mundo mais seguro e mais pacífico"[5]. O outro aspeto é muitas vezes traduzido pela expressão *efeito dominó*, pretendendo significar uma tendência que existiria (o que está longe de estar provado) de, a partir da implementação, ainda que pela força das armas, da democracia em determinado Estado, ela se estender a Estados vizinhos, verificando-se, assim, uma multiplicação de regimes democráticos.

---

[5] Cfr. Karin von HIPPEL, *Democracy by Force*, Cambridge, Cambridge University Press, 2000, p. 10.

2. A intervenção da NATO na Líbia
2.1. Contornos da intervenção

A intervenção da NATO na Líbia teve início a 19 de março de 2011, quando estava em curso um conflito interno naquele Estado, como decorre do facto de o Conselho de Segurança ter vindo, através da resolução 1970 (2011), de 26 de fevereiro de 2011, "*Exortar* as autoridades líbias: a) a atuar com a máxima contenção, a respeitar os direitos do homem e o *direito internacional humanitário*"[6]. Esta exortação surge na sequência da "condenação, pela Liga Árabe, União Africana e Secretário-Geral da Organização da Conferência Islâmica, das violações graves dos direitos do homem e *do direito internacional humanitário* cometidas na Jamahiriya Árabe Líbia", condenação que o Conselho de Segurança acolhe com satisfação[7].

O fim da intervenção da NATO verificou-se a 31 de outubro do mesmo ano de 2011, data em que oficialmente foi declarado o seu termo.

Esta intervenção teve lugar no contexto da chamada Primavera Árabe, expressão que designa um movimento que teve início em 2010 e se tem traduzido em *manifestações* e *protestos* que têm evoluído de formas distintas nos diferentes países em que se vêm verificando (chegando mesmo, no caso da Líbia, a atingir o patamar de conflito armado interno, como vimos). Apesar do interesse do estudo global do movimento assim designado, vamos limitar-nos a abordar o caso da Líbia, uma vez que, tendo-nos sido pedido para abordarmos a problemática da intervenção humanitária e intervenção democrática, só nesse caso nos deparamos com uma ação militar externa, independentemente de como possa ser qualificada. No entanto, deve ter-se

---

[6] Parágrafo 2 do dispositivo (itálico nosso). Sendo o Direito internacional humanitário aplicável em situações de conflito armado (e não em "situações de tensão e de perturbação internas, tais como motins, atos de violência isolados e esporádicos e outros atos análogos, que não são considerados como conflitos armados", como afirmado no artigo 1.º, n.º 2, do II Protocolo Adicional às Convenções de Genebra de 12 de agosto de 1949, de 1977), o apelo a que o mesmo seja respeitado significa que se verifica o contexto da sua aplicação, ou seja, um conflito armado. Também o embaixador português na Líbia falava da existência de uma guerra civil naquele país, em declarações à TSF, a 4 de março de 2011 – http://www.tsf.pt/PaginaInicial/Internacional/Interior.aspx?content_id=1799096 [04.03.2011]. No mesmo sentido, foi afirmado pela Amnistia Internacional: "Em finais de fevereiro, a maior parte da Líbia ocidental, partes da Montanha de Nafusa e Misratah (a terceira cidade líbia, situada entre Benghazi e Trípoli) tinham caído nas mãos da oposição. Os distúrbios rapidamente *evoluíram para conflito armado*". Cfr. Amnesty International, *The Battle for Libya: Killings, disappearances and torture*, 13 de setembro de 2011, p. 7 (itálico nosso).

[7] Parágrafo 3 do texto preambular (itálico nosso).

em conta que a vaga dos protestos antigovernamentais que atravessou o Médio Oriente e o Norte de África inspirou e encorajou os líbios "a apelarem a que o dia 17 de fevereiro de 2011 – o quinto aniversário da brutal repressão de um protesto público em Benghazi – seja o seu 'Dia de Ira' ['Day of Rage'] contra quatro décadas de governo repressivo do Coronel Muammar Kadhafi"[8]. A reação do governo de Kadhafi foi de deter dezenas de ativistas e escritores que tinham encabeçado esse *Day of Rage,* o que gerou mais protestos, violentamente reprimidos[9].

Em consequência destas atuações, o governo líbio estava já a ser alvo de fortes censuras no âmbito das Nações Unidas, que tinham mesmo conduzido a Assembleia Geral dessa Organização a decidir a sua suspensão, em março de 2011, do Conselho dos Direitos do Homem[10], para o qual tinha sido eleita no ano anterior, com um mandato que só terminaria em 2013.

A 17 de março de 2011, o Conselho de Segurança aprovou uma resolução – a resolução 1973 (2011)[11] – em que *"Autoriza* os Estados Membros que dirigiram, ao Secretário-Geral, uma notificação nesse sentido a, atuando a título nacional ou no quadro de organismos ou acordos regionais e em cooperação com o Secretário-Geral, *tomar todas as medidas necessárias,* não obstante o parágrafo 9 da resolução 1970 (2011), para proteger as populações e zonas civis ameaçadas de ataque na Jamahiriya Árabe Líbia, incluindo Benghazi, excluindo o estabelecimento de uma força de ocupação estrangeira, qualquer que seja a sua forma e em qualquer parte

---

[8] Cfr. Amnesty International, *The Battle for Libya..., cit.,* p. 7.

[9] Para maior desenvolvimento acerca da situação vivida na Líbia que esteve na origem da intervenção da NATO, veja-se a Introdução do Relatório da Amnistia Internacional citado.

[10] Na verdade, pela resolução 65/265, de 3 de março de 2011, a Assembleia Geral decidiu, por consenso, a referida suspensão, depois de se declarar profundamente preocupada com a situação dos direitos do homem naquele país. Em suporte desta decisão, invoca uma sua resolução anterior (60/251, de 15 de março de 2006) que lhe reconhece o poder de suspender um membro do Conselho dos Direitos do Homem com fundamento no facto de o mesmo ter cometido violações flagrantes e sistemáticas dos direitos do homem, bem como uma resolução do Conselho dos Direitos do Homem (S-15/2, de 25 de fevereiro de 2011) acerca da situação dos direitos humanos na Líbia – em cujo parágrafo 14 se recomenda à Assembleia Geral a ponderação da suspensão que veio a ter lugar – e ainda documentos da Liga dos Estados Árabes (de cujas atividades a Líbia também seria suspensa) e do Conselho de Paz e Segurança da União Africana, que também censuravam as violações graves dos direitos do homem verificadas na Líbia.

[11] Esta resolução foi aprovada com dez votos a favor e cinco abstenções (Alemanha, Brasil, China, Índia e Rússia).

do território líbio, e *solicita* aos Estados Membros que informem imediatamente o Secretário-Geral das medidas que tenham adotado em virtude dos poderes que para eles decorrem do presente parágrafo e que serão imediatamente transmitidas ao Conselho de Segurança"[12]. Além disso, por via desta mesma resolução, foram definidas outras medidas, como *inter alia* o estabelecimento de uma zona de exclusão aérea, também ela visando a proteção dos civis[13], autorizando os mesmos Estados "a *tomar todas as medidas necessárias* para fazer respeitar a interdição de voo imposta no parágrafo 6"[14].

É invocando esta resolução que a NATO pretende ver a sua intervenção enquadrada no sistema de segurança coletiva que a Carta das Nações Unidas define. E nesse sentido, no decurso da intervenção, reitera a ideia de que as suas ações se limitam a efetivar a resolução do Conselho de Segurança que apela à proteção dos civis. Ademais, também o termo da intervenção foi decidido pelo Conselho de Segurança que, através dos parágrafos 5 e 6 da resolução 2016 (2011), de 27 de outubro de 2011, determinou que a autorização de uso da força conferida pela resolução 1973 (2011) terminaria às 23h59m, horas locais da Líbia, do dia 31 de outubro de 2011.

Quanto à forma como decorreu esta intervenção, pouco se sabe, nomeadamente no que se refere ao cumprimento das obrigações definidas pelo Direito internacional humanitário. Sendo certo que ela se traduziu em bombardeamentos aéreos, não conhecemos fontes idóneas que refiram quais os alvos desses bombardeamentos ou qual a precisão dos mesmos (ou seja, em que medida estávamos face à propalada "guerra cirúrgica" e se puderam evitar os chamados "danos colaterais" – o eufemismo dirigido a fazer a opinião pública digerir as vítimas civis[15]).

[12] Parágrafo 4 do dispositivo da resolução 1973 (2011), de 17 de março de 2011.

[13] Nos termos do parágrafo 6 dessa resolução, o Conselho de Segurança decidiu "proibir todos os voos no espaço aéreo da Jamahiriya Árabe Líbia, com vista a ajudar a proteger os civis", embora essa interdição não afetasse os voos que tivessem objetivos exclusivamente humanitários, como se afirma no parágrafo 7.

[14] Parágrafo 8 do dispositivo.

[15] É certo que, a 1 de junho de 2011, o *The Express Tribune* noticiava que, na véspera, Trípoli acusava a NATO de haver morto 718 civis e ferido 4.067 – dos quais 433 com gravidade – em dez semanas de ataques aéreos – http://tribune.com.pk/story/180098/libya-says-nato-raids-killed-718-civilians/ [01.06.2011]. Aliás, nessa mesma notícia, e face a um concreto ataque da NATO sobre Trípoli, o repórter afirmava não ser possível determinar os alvos.

2.2. Intervenção humanitária, intervenção democrática ou nenhuma delas?

Na sequência do início da intervenção, houve quem – em especial jornalistas – se referisse à intervenção humanitária para a caracterizar, embora sem definir o conceito[16]; ou então quem traçasse um paralelo com a intervenção da NATO no Kosovo, o que também nos poderia orientar no mesmo sentido, tendo em conta que esse caso foi seguramente aquele que mereceu – ao menos numa fase inicial, ou seja, quando não eram conhecidos todos os contornos da situação – maior consenso, quando não aplauso, por uma parte dos autores de Direito internacional como instância de "verdadeira" intervenção humanitária[17]. Por seu lado, Jean--Baptiste Jeangène Vilmer refere, sem subscrever, que se tem falado, a propósito deste caso, do direito de ingerência, que teria sido rebatizado como "responsabilidade de proteger"[18].

[16] Como aconteceu, por exemplo, com Robert Fisk que escreveu um artigo cujo título era precisamente "Os perigos da intervenção humanitária na Líbia", texto disponível em http://www.cartamaior.com.br/templates/materiaMostrar.cfm?materia_id=17570 [20.03.2011].

[17] Cfr. Diana JOHNSTONE, "Another NATO Intervention? Libya: Is This Kosovo All Over Again?", http://www.globalresearch.ca/index.php?context=va&aid=23590 [08.03.2011]. Sendo certo que o título do artigo nos pode induzir na convicção de que a autora traça um paralelismo entre as duas situações, a verdade é que tal não é feito em termos gerais, antes se limitando a sublinhar alguns aspetos específicos em que as duas intervenções se revelaram próximas. Uma análise da intervenção da NATO no Kosovo pode ver-se em Maria de Assunção do Vale PEREIRA, *A Intervenção Humanitária no Direito Internacional Contemporâneo, op. cit.*, pp. 703-780.

[18] Cfr. Jean-Baptiste Jeangène VILMER, "Intervention en Libye: Ni droit d'ingérence, ni désintéressement", *in Le Monde*, edição de 28.03.2011. Refira-se, todavia que, se subscrevemos grande parte das conclusões deste autor no artigo referido, não nos parece que se possa falar de ingerência quando estamos face a atuações com recurso à força armada. Segundo o autor, a ingerência consiste "no facto de um Estado violar a soberania de um outro Estado, usando a força, para pôr fim a violações graves dos direitos do homem". Ora, na hipótese de as vítimas de tais violações constituírem um grupo dentro do Estado, um tal conceito facilmente se reconduziria ao que designamos de *intervenção humanitária*. Em nosso entender, o conceito de ingerência humanitária surge, sobretudo a partir dos anos 80 do séc. XX pela mão de Bernard Kouchner e Mario Bettati, como contestação da subordinação da prestação de assistência humanitária ao princípio do consentimento do Estado onde vai ter lugar, bem como da exigência de uma posição de neutralidade por parte de quem a presta. Portanto, tratar-se-ia de uma ingerência que, sendo objetivamente um facto ilícito, veria a sua ilicitude afastada "pela intenção de salvar que a anima", de acordo com a expressão de Carrillo Salcedo. Cfr. J. A. CARRILLO SALCEDO, "La Asistencia Humanitaria en Derecho Internacional Contemporáneo", *in* Alcalde Fernández, Maria del C. Márquez Carrasco e Carrillo Salcedo (eds.), *La Asistencia Humanitaria*

Ora, de acordo com a noção que começamos por referir, não parece que possamos enquadrar a intervenção da NATO no conceito de intervenção humanitária, nem tão pouco no de intervenção democrática.

Na verdade, estamos perante uma intervenção levada a cabo ao abrigo de uma resolução do Conselho de Segurança – ao contrário do que aconteceu na intervenção no Kosovo[19] –, o que a torna lícita, ao invés do que acontece com as que se integram em qualquer um daqueles outros conceitos.

A propósito deste caso, pensamos que o que pode discutir-se é se a intervenção militar da NATO se conteve nos termos da resolução autorizante, e quais os motivos que a determinaram, questões que se revelam interdependentes.

No que se refere ao primeiro aspeto, cremos que a NATO fez uma interpretação da resolução 1973 (2011) que, em nosso entender, não se cinge ao que aí é definido. Como decorre do transcrito, a autorização de uso da força foi concedida para *proteger as populações e zonas civis ameaçadas*

---

en Derecho Internacional Contemporáneo, Sevilla, Universidad de Sevilla, 1997, p. 130. Todavia, está longe de aceite a licitude de tal atuação. Acerca do conceito de ingerência humanitária, veja-se Maria de Assunção do Vale PEREIRA, *A Intervenção Humanitária no Direito Internacional Contemporâneo*, *op. cit.*, pp. 46-55 e bibliografia aí citada.

[19] Sendo certo que não houve qualquer resolução que autorizasse a intervenção no Kosovo, alguns autores pretenderam encontrar um fundamento jurídico para a mesma na recusa de aprovação de uma resolução que determinasse o fim da intervenção, ou na aprovação da resolução 1244 (1999), no final da intervenção, sem que esta merecesse qualquer censura, o que poderia ser visto como uma autorização *a posteriori* da atuação da NATO. Sem que caibam, neste local, grandes considerações sobre estes argumentos, sempre se dirá que é uma violência lógica pretender fazer equivaler a recusa de aprovação de uma resolução determinando o fim da intervenção a uma autorização/aprovação da mesma intervenção (até porque os argumentos trazidos à liça por parte dos Estados que votaram o projeto de resolução em nada traduzem um apoio à referida intervenção, como decorre das declarações então feitas – cfr. S/PV.3988, de 24 de março de 1999); por outro lado, também não se pode pretender que o silêncio acerca da intervenção, verificado na resolução 1244 (1999), possa equivaler a uma aprovação da mesma, até porque não seria expectável uma resolução com qualquer tipo de censura à referida intervenção, dado que nela participaram três dos membros permanentes do Conselho de Segurança (Estados Unidos, França e Reino Unido); e muito menos se pode pretender fazer equivaler uma aprovação (*post acto*) a uma autorização (*ante acto*), uma vez que se trata de conceitos fundamentalmente distintos, para além de que uma tal equivalência se revela fonte de perigos, uma vez que "poderia sempre ser vista como uma admissibilidade de recurso à força na expectativa, mais ou menos fundada, de ver essa atuação legitimada por 'ratificação' do CS, para além de que poderia levar a uma intensificação do recurso ao veto, num tempo em que tantas vozes se erguem contra o seu uso". Cfr. Maria de Assunção do Vale PEREIRA, *A Intervenção Humanitária no Direito Internacional Contemporâneo, op. cit.*, p. 767.

de ataque na Líbia. Ora, parece que a NATO atuou decididamente para derrubar o governo de Kadhafi, o que não era o objetivo definido na resolução em questão. Como refere Enzo Cannizzaro, "o alargamento progressivo do teatro de operações parecia prefigurar, como objetivo final, provocar a mudança de regime"[20]. Nesse sentido, verificou-se, por exemplo, o bombardeamento, em Trípoli, de uma sede da polícia e do departamento anticorrupção, na noite de 16 para 17 de maio, o que revela que "nos afastamos da 'proteção das populações' (mandato emitido pelo Conselho de Segurança a 17 de março de 2011), que tinha sido rapidamente alargado à destruição de instalações militares líbias e ao apoio aos combatentes do Conselho Nacional de Transição (CNT), com base em Benghazi"[21]. A verdade é que "seria difícil não reconhecer que, no decurso da operação, tanto as atividades militares como diplomáticas da coligação convergiam fortemente para um objetivo de mudança política"[22].

Além disso, se é certo que o governo de Kadhafi tinha um palmarés notável de violações graves dos direitos humanos, é também certo que houve violações cometidas pelos rebeldes e acerca delas nunca se ouviu qualquer pronúncia por parte dos interventores. Efetivamente, em julho de 2011, a Human Rights Watch "[d]ocumentou abusos em quatro cidades recentemente capturadas nas Montanhas ocidentais, incluindo pilhagens, incêndios, e espancamentos de alguns civis que permaneceram quando as forças do governo [retiraram]. Nas quatro cidades capturadas das Montanhas de Nafusa – al-Awaniya, Rayayinah, Zawiyat al-Bagul, e al-Qawalish –, a Human Rights Watch apurou que as forças rebeldes tinham queimado casas e lojas e saqueado três clínicas médicas. Numa cidade em que permaneceram alguns civis, al-Awaniya, os rebeldes espancaram algumas pessoas que acusaram de ter apoiado as forças governamentais". E, como esta ONG sustentou, sendo certo que "os abusos perpetrados pelos rebeldes podem ser muito menores quando comparados com as atrocidades cometidas pelas forças líbias", isso não isenta "[o]s governos que apoiam a campanha da NATO do dever de pressionar a oposição a proteger os civis nas áreas

---

[20] Cfr. Enzo CANNIZZARO, "Responsibilità di proteggere e intervento delle Nazioni Unite in Libia", *in Rivista di Diritto Internazionale*, vol. XCIV, 2011, pp. 822-823.

[21] Cfr. Philippe LEYMARIE, "'Elargissement des cibles' en Libye", *in Le Monde Diplomatique*, maio, 2011.

[22] Cfr. Bruno POMMIER, "The use of force to protect civilians and humanitarian action: The case of Libya and beyond", *in International Review of the Red Cross*, vol. 93, n.º 884, 2011, p. 1067.

em que os rebeldes detêm o controlo, especialmente onde algumas pessoas possam apoiar o governo"[23].

Se houvesse uma atitude de imparcialidade por parte da NATO, mobilizada exclusivamente por propósitos de garantia dos direitos do homem, certamente reagiria a quaisquer violações graves desses direitos, viessem elas do lado do governo de Kadhafi ou daqueles que se lhe opunham. Parece-nos que houve, sobretudo, por parte dos membros da NATO um esforço para tomar parte ativa na chamada Primavera Árabe, revelando que têm uma palavra a dizer sobre alterações importantes da vida internacional que ocorrem junto às suas fronteiras[24]. O que se verificou foi que "a individualização das opções estratégicas e operativas necessárias a garantir os direitos fundamentais da população foi deixada à determinação unilateral dos Estados. Daí resultou uma grande incerteza quanto à compatibilidade com a resolução de ações não imediatamente funcionalizadas ao respeito pelo objetivo humanitário, como a assistência militar aos rebeldes líbios

---

[23] Cfr. Human Rights Watch, "Libya: Contact Group Should Press Rebels to Protect Civilians", 17 de julho de 2011, disponível em http://www.hrw.org/news/2011/07/15/libya-contact-group-should-press-rebels-to-protect-civilians [17.07.2011]. Identicamente, a Amnistia Internacional sustentou que "membros e apoiantes da oposição, incipientemente estruturada sob a liderança do Conselho Nacional de Transição (CNT), baseado durante o conflito em Benghazi, também cometeram violações dos direitos humanos, e em alguns casos crimes de guerra, apesar de numa escala menor. Na imediata sequência da tomada de controlo do leste da Líbia, grupos irados de apoiantes da 'Revolução de 17 de fevereiro' abateram, enforcaram e de outro modo mataram por linchamento dezenas de soldados capturados e suspeitos 'mercenários' estrangeiros – e fizeram-no com total impunidade. Estes ataques subsequentemente diminuíram, embora os africanos subsaarianos continuassem a ser atacados por alegadamente serem 'mercenários' estrangeiros contratados pelo Coronel Kadhafi, o que se provou ser largamente infundado". Cfr. Amnesty International, *The Battle for Libya...*, cit..
[24] Bem se sabe que outras motivações têm sido referidas, como a de controlar o petróleo líbio. Todavia, é sabido que esse importante recurso natural estava já em mãos ocidentais. Cfr. Jean--Pierre SERENI, "Le pétrole libyen de main en main", *in Le Monde Diplomatique*, abril, 2011. Segundo Vilmer, "há também esses interesses implícitos como o petróleo e o gás (menos o seu 'controlo' do que a garantia que podem fornecer a Europa), e a imagem política: a que desmotivou Angela Merkel, em dificuldades nas vésperas de uma eleição, e a que, pelo contrário, motivou Nicolas Sarkozy, interessado em restaurar o prestígio da diplomacia francesa, após os malogros da Tunísia e do Egipto – e a fazer acreditar que a França tinha o papel primordial nessa intervenção, o que não é exato". Cfr. Jean-Baptiste Jeangène VILMER, "Intervention en Libye: Ni droit d'ingérence, ni désintéressement", cit..

e o bombardeamento de objetivos que se encontravam a grande distância dos locais das operações militares"[25].

A verdade é que "da instauração de uma zona de exclusão aérea se passou a uma intervenção visando abater o regime líbio. Os Presidentes Barack Obama e Sarkozy, bem como o Primeiro-Ministro britânico David Cameron, aliás, já não o escondem[26]. Ora um tal objetivo é incompatível com a Carta das Nações Unidas, que, em virtude dos princípios da não ingerência e do direito dos povos à autodeterminação, reserva essa opção às populações em questão"[27]. Segundo Cannizzaro, "a ideia de que a mudança de regime político na Líbia constituía uma condição para a cessação das hostilidades emerge também da posição oficial adotada pelos Estados participantes nas operações militares e pela organização internacional", referindo dois documentos, com data de junho de 2011, em apoio desta conclusão[28]. Portanto, não demorou muito a que fosse assumido o objetivo, anteriormente inconfessado e certamente não previsto na resolução do Conselho de Segurança, de derrubar o regime líbio.

Aliás, a condução da intervenção levou a que vários Estados – mesmos entre os que participaram na reunião do Conselho de Segurança em que foi aprovada a resolução 1973 (2011) – começassem a questionar se a intervenção estava a ser conduzida em conformidade com a resolução que a autorizara. Em reunião do Conselho de Segurança de 4 de maio de 2011, essas dúvidas ficaram patentes, designadamente por parte dos dois membros permanentes que, com a sua abstenção, haviam viabilizado a aprovação da resolução 1973 (2011), que autorizara o uso da força: a China

---

[25] Cfr. Enzo CANNIZZARO, "Responsibilità di proteggere e intervento delle Nazioni Unite in Libia", *op. cit.*, p. 823.

[26] Na verdade, isso foi expressamente assumido em carta subscrita pelos Presidentes Obama e Sarkozy e pelo Primeiro-Ministro Cameron e publicada no *Le Figaro, The Times, The International Herald Tribune, The Washington Post*, a 15 de abril de 2011, em que era afirmado "Gaddafi has to leave"/"Kadhafi doit partir". Esta ideia era reiterada em nota à imprensa, de 23 de maio, em que se lia: "Os Estados Unidos continuam empenhados em proteger os civis líbios e creem que Kadhafi deve abandonar o poder e a Líbia" – http://188.93.97.21/headline/assistant-secretary-feltman's-travel-benghazi-libya [23.05.2011]. Cfr. "Kadhafi doit partir", *in Le Figaro*, 15 de abril de 2011.

[27] Cfr. Anne-Cecile ROBERT, "Origines et vicissitudes du 'droit d'ingérence'", *in Le Monde Diplomatique*, maio, 2011.

[28] Cfr. Enzo CANNIZZARO, "Responsibilità di proteggere e intervento delle Nazioni Unite in Libia", *op. cit.*, p. 823.

e a Rússia. Efetivamente, o representante da China, depois de referir que a situação – designadamente humanitária – se mantinha grave e não se vislumbrava uma solução para o problema, afirmou: "A China apela à completa e estrita implementação das resoluções relevantes do Conselho de Segurança. A comunidade internacional deve respeitar a soberania, independência, unidade e integridade territorial da Líbia. [Não] somos favoráveis a qualquer interpretação arbitrária das resoluções do Conselho ou a quaisquer ações que vão além das mandatadas pelo Conselho". Sustenta, por isso, que a prioridade deveria ser a de alcançar um cessar-fogo completo e incondicional, que deveria ser monitorizado sob os auspícios das Nações Unidas. Identicamente, a Rússia afirma a sua preocupação com o crescente número de baixas civis e com a destruição de instalações civis resultantes das ações das partes em luta na Líbia e do uso indiscriminado de armas. E acrescenta: "Infelizmente, deve ser referido que as ações da coligação liderada pela NATO têm resultado também em baixas civis, como foi visto em particular durante os recentes bombardeamentos em Trípoli. Sublinhamos, uma vez mais, que qualquer uso da força pela coligação deve ser conduzido em estrita conformidade com a resolução 1973 (2011). Qualquer ato que, de alguma forma, ultrapasse o mandato estabelecido por essa resolução ou qualquer uso da força desproporcional é inaceitável"[29].

Particularmente crítica foi a posição adotada pela África do Sul, em reunião do Conselho de Segurança de 27 de junho de 2011, quando se perfaziam cem dias sobre o início dos bombardeamentos aéreos da NATO. Depois de referir que "apesar da ação militar, não tem havido solução para a crise líbia", que, pelo contrário, "se deteriorou com mais perdas de vidas civis e maciça destruição de infraestruturas", o representante desse país acrescentou: "Desde o início da crise líbia, a África do Sul tem continuado a apelar à comunidade internacional, incluindo ao Conselho de Segurança, para que foque as suas energias na busca de uma solução política e não de uma solução [militar]. Isto é reiterado no parágrafo 2 da resolução 1973 (2011), que sublinha a necessidade de intensificar os esforços conducentes a uma solução política. É por essa razão que entendemos que a resolução 1973 (2011) deve ser integralmente aplicada na sua letra e espírito. Quando a África do Sul votou a favor da resolução 1973 (2011), a nossa intenção era a de assegurar a proteção dos civis, bem como o acesso

---

[29] S/PV.6528, 4 de maio de 2011.

sem impedimentos da ajuda humanitária àqueles que desesperadamente dela [necessitavam]. A nossa intenção nunca foi a da mudança do regime; nem a de perseguir indivíduos. O futuro da Líbia deve ser decidido pelos líbios, e não por terceiros". A intervenção da África do Sul terminou com o apelo ao reforço do papel das Nações Unidas, em colaboração com a União Africana, na resolução da crise líbia[30].

Também alguns dos apoiantes cruciais da atuação da NATO vieram rever a sua posição, como aconteceu com a Liga Árabe ou a União Africana, "dois organismos cujo consenso teve um certo peso na fase de adoção da resolução 1973"[31]. Em relação à Liga Árabe, pode ler-se, na edição de 21 de junho de 2011 do *The Guardian*, que o seu Presidente, "Amr Moussa, o veterano diplomata egípcio que teve um papel central em assegurar o apoio árabe aos ataques aéreos da NATO, afirmou [que] mudou de opinião acerca de uma missão de bombardeamentos que não parece estar a funcionar. 'Quando vejo crianças a serem mortas, tenho de ter dúvidas. Foi por isso que adverti sobre o risco de baixas civis' disse"[32].

Por seu lado, a União Africana acabou por decidir realizar uma Cimeira para debater a situação na Líbia, que se realizou a 24 e 25 de maio de 2011,

---

[30] S/PV.6566, 27 de junho de 2011.

[31] Cfr. Enzo CANNIZZARO, "Responsabilità di proteggere e intervento delle Nazioni Unite in Libia", *op. cit.*, p. 823. Também no site do Transnational Institut se podia ler: "Para a aliança ocidental, e especialmente para o governo de Obama, o apoio da Liga Árabe era um requisito prévio crítico para aprovar a intervenção militar na Líbia". Texto disponível em http://www.tni.org/es/article/la-intervenci%C3%B3n-en-libia-amenaza-la-primavera-%C3%A1rabe [04.04.2011].

[32] "Arab League chief admits second thoughts about Libya air strikes", *in The Guardian*, 21.06.2011. Aliás, nesta notícia, era patente a crescente e notória separação entre os membros da NATO – que insistiam em continuar os bombardeamentos aéreos – e a Liga Árabe, cujo entendimento era o de que "isso tem de parar com um genuíno cessar-fogo sob supervisão internacional. Até ao cessar-fogo, Kadhafi manter-se-ia em funções ... então haveria um encaminhamento para um período de transição ... para alcançar um entendimento acerca do futuro da Líbia". Por seu lado, é citada uma fonte europeia envolvida nas negociações sobre a Líbia, que teria afirmado: "A Liga Árabe está a dizer-nos que estamos a perder o apoio do mundo árabe" (*ibid.*). Aliás, já a 21 de março de 2011, se podia ler: "o apoio árabe era uma das condições *sine qua non* da operação na Líbia. Todavia, a posição de certos países, confrontados com movimentos de contestação, é delicada. O Secretário-Geral da Liga Árabe, Amr Moussa, criticou [os] bombardeamentos da coligação, considerando que se afastam '*do fim que é imposto que é o do estabelecer uma zona de exclusão aérea*'". "Intervention en Libye: La Ligue arabe critique les bombardements", disponível em http://www.rfi.fr/afrique/20110320-Intervention-Libye-d%C3%A9licate-postion-certains-pays-arabes [21.03.2011].

em Adis Abeba[33]. Na Declaração final dessa Cimeira, era afirmado: "Tomamos em consideração as resoluções 1970 e 1973 do Conselho de Segurança das Nações Unidas acerca da Líbia e sublinhamos que os esforços para as implementar devem conter-se dentro do espírito e da letra dessas resoluções. A este propósito, apelamos a uma cessação imediata de todas as hostilidades na Líbia e exortamos as partes no conflito a que se empenhem em alcançar uma solução política através de meios pacíficos e do diálogo"[34].

Portanto, como bem referia Pommier, "a perceção de que a legitimidade do uso da força para 'proteger civis' tinha sido distorcida também dividiu a comunidade internacional. Invocar essa proteção numa campanha fundada no Capítulo VII para justificar operações cujo objetivo parece cada vez mais claramente orientado para o derrube do regime de Kadhafi através do apoio das forças rebeldes suscitou dúvidas não só em relação às intenções dos protagonistas mas também quanto à validade do princípio do uso da força para proteger civis"[35].

2.3. Alguns aspetos peculiares deste caso

Para além do facto de, como vimos, estarmos convictos de que não foi a proteção dos civis o grande fator mobilizador desta intervenção da NATO, há ainda que ter em conta um outro aspeto, no mínimo, insólito (ou mesmo duplamente insólito). Referimo-nos à atuação do representante líbio junto das Nações Unidas, embaixador Ibrahim Dabbashi, que veio, em fevereiro de 2011, assumir que deixava de ser leal a Kadhafi, apelando à comunidade internacional para que ajudasse a pôr termo ao genocídio que estava a ser cometido contra o seu povo pelo líder líbio, Muammar Kadhafi, e solicitando ainda ao Procurador do Tribunal Penal Internacional que começasse imediatamente a investigar os crimes cometidos por Kadhafi[36]. Segundo se

---

[33] Apesar de outros temas terem sido abordados, foi este o principal assunto que motivou a realização da Cimeira. Nesse sentido, o Secretário-Geral das Nações Unidas, Banki-moon, pretendendo falar de outras questões, não deixou de começar por afirmar: «Sei que o assunto da presente reunião é a Líbia» (Addis Ababa, Ethiopia, 25 de maio de 2011 – Secretary-General's remarks to Extraordinary Summit of the African Union on Peace and Security Issues in Africa).

[34] Second Africa-India Forum Summit 2011: Addis Ababa Declaration, parágrafo 15.

[35] Cfr. Bruno POMMIER, "The use of force to protect civilians and humanitarian action: The case of Libya and beyond", *op. cit.*, p. 1069.

[36] Cfr. "Libyan Ambassador to UN urges international community to stop genocide", disponível em http://www.english.globalarabnetwork.com/201102219941/Libya-Politics/libyan-ambassador-to-un-urges-international-community-to-stop-genocide.html [21.02.2011].

pode ler em notícia então publicada, esse representante líbio terá afirmado: "há hoje mais de 60 pessoas mortas. Estou certo de que o número é muito mais elevado. Esperamos um verdadeiro genocídio em Trípoli. Os aviões ainda continuam a trazer mercenários aos aeroportos"[37].

O primeiro aspeto a assinalar é de que estamos face a uma situação absolutamente singular em que o representante de um Estado deixa de ser leal ao governo que o nomeou. Sendo certo que lhe cabe representar o Estado de envio junto da Organização[38], é também verdade que ele é nomeado pelo Governo do Estado que o envia, com base numa relação de confiança. Parece-nos, por isso, que se o chefe da missão tinha todo o direito de discordar e censurar a atuação que o governo que o nomeou estava a levar a cabo, deveria ter-se demitido, podendo, então, fazer as declarações que entendesse. O que não parece muito curial é usar o lugar para que foi nomeado para, no exercício dessas suas funções, vir denunciar aquele que o nomeara. Obviamente, seria expectável que, de imediato, o governo líbio o demitisse, o que não aconteceu dadas as convulsões em que o país estava mergulhado à data em que tais declarações foram proferidas, situação essa que provavelmente propiciou o arrojo do representante líbio.

E se nos referirmos a uma situação duplamente insólita, isso deve-se à referência feita pelo referido representante a um "genocídio" em curso na Líbia, bem como ao facto de apelidar Kadhafi de genocida. É que estamos em crer que na Líbia não se verificou qualquer genocídio, nem tão pouco foi perspetivado qualquer crime desse tipo. Na verdade, por terríveis que tenham sido as perseguições conduzidas pelo governo de Kadhafi, ou sob suas instruções, bem como as violações dos direitos do homem

---

Também na edição de 21 de fevereiro de 2011 do *The New York Times* se podia ler, em notícia intitulada "Libya's U.N. Diplomats Break With Qaddafi": "Membros da missão da Líbia junto das Nações Unidas repudiaram o Cor. Muammar Kaddafi, na segunda-feira, apelidando-o de criminoso de guerra genocida, responsável por assassinatos em massa de manifestantes que protestavam contra as suas quatro décadas no poder. Apelaram a que resignasse".

[37] Cfr. http://www.english.globalarabnetwork.com/201102219941/Libya-Politics/libyan-ambassador-to-un-urges-international-community-to-stop-genocide.html [21.02.2011]. A última parte do excerto refere-se ao rumor muito divulgado – e que depois se revelou infundado – de que Kadhafi teria contratado um generoso número de mercenários da África subsaariana para o auxiliarem a manter o poder.

[38] Como afirmado na alínea *a)* do artigo 6.º da Convenção sobre a Representação dos Estados nas suas relações com Organizações Internacionais de Carácter Universal, de Viena, de 14 de março de 1975.

delas decorrentes, não parece poder descortinar-se nesse cenário o *dolus specificum* que caracteriza este crime: *a intenção de destruir, no todo ou em parte, um grupo nacional, étnico, racial ou religioso, enquanto tal*, como se lê no artigo 2.º da Convenção para a Prevenção e Repressão do Crime de Genocídio, de 1949, onde o mesmo é definido (disposição essa reproduzida no artigo 6.º do Estatuto do Tribunal Penal Internacional). Ora, ao que se sabe, os alvos daqueles comportamentos ilícitos eram todos aqueles que se opunham a Kadhafi e ao seu regime e não qualquer particular grupo nacional, étnico, racial ou religioso.

Parece-nos, por isso, bizarro – para não dizer mais – que alguém com responsabilidades de representação de um Estado junto das Nações Unidas possa usar de forma tão aligeirada – quiçá, leviana – o termo "genocídio". Se parece improvável que alguém que desempenha essas funções ignore os contornos do conceito de genocídio, pode sempre questionar-se se a utilização desse termo não terá sido intencional, de modo a acentuar a necessidade de ação externa e a pressionar para a mesma se verificasse[39].

Um outro aspeto peculiar neste caso é o de o Conselho de Segurança ter decidido, agindo nos termos do capítulo VII da Carta das Nações Unidas, denunciar ao Procurador do Tribunal Penal Internacional a situação vivida na Líbia desde 15 de fevereiro de 2011, o que supõe que esse órgão entendeu haver indícios de aí se terem verificado crimes da competência desse Tribunal[40]. Em consequência, este Tribunal veio, a 27 de junho de 2011,

---

[39] É sabido que o "genocídio" é genericamente encarado como "o crime dos crimes", e, portanto, aquele que tem um mais profundo impacto psicológico, suscetível de mobilizar vontades para lhe pôr fim. Aliás, isso mesmo foi manifesto no caso do Ruanda, em que "a palavra 'genocídio' andou arredada das resoluções do CS – onde inicialmente só os membros permanentes tinham conhecimento dos documentos que retratavam a situação na sua verdadeira dimensão –, bem como dos relatórios do Secretário-Geral. Chesterman afirma mesmo que 'os Estados Unidos e outros governos resistiram a usar o termo «genocídio» porque isso tornaria a sua política de inacção insustentável' e 'de facto, houve um esforço estudado para *não* reconhecer a magnitude da crise humanitária' ... Afinal, tudo não passava de uma guerra tribal'". Cfr. Maria de Assunção do Vale PEREIRA, *A Intervenção Humanitária no Direito Internacional Contemporâneo, op. cit.*, pp. 681-682.

[40] A competência exercida pelo Conselho de Segurança está referida no artigo 13.º, alínea *b*), do Estatuto do Tribunal Penal Internacional, nos termos do qual "O Tribunal poderá exercer a sua jurisdição em relação a qualquer um dos crimes a que se refere o artigo 5.º, de acordo com o disposto no presente Estatuto, se: b) O Conselho de Segurança, agindo nos termos do capítulo VII da Carta das Nações Unidas, denunciar ao procurador qualquer situação em que haja indícios de ter ocorrido a prática de um ou vários desses crimes". E, na situação em causa,

emitir três mandados de prisão – contra Muammar Kadhafi[41], Saif Al-Islam Kadhafi (filho de Muammar Kadhafi e Coronel das Forças Armadas líbias e Chefe dos serviços secretos militares) e Abdualla Al-Senussi (Presidente honorário da Fundação internacional Kadhafi para a caridade e o desenvolvimento e que atuava como Primeiro-Ministro *de facto* da Líbia) – considerando haver fundamento para os acusar de crimes contra a humanidade[42].

Portanto, deparamo-nos com a uma decisão adotada por unanimidade, incluindo, portanto, dentro dos votos afirmativos, os votos dos Estados Unidos da América, da Rússia e da China, que não são partes no Estatuto do referido Tribunal e que são suspeitos – nomeadamente os membros dos seus exércitos – de haverem também cometido crimes da competência deste Tribunal[43]. Mas, como refere Sharon Weill, "o paradoxo vai mais longe: estes países que recusam reconhecer o TPI como instituição legítima[44], em vez de o boicotar, podem denunciar-lhe casos – e fazem-no

---

seria esta a única via de fazer chegar o caso ao Tribunal Penal Internacional, dado que a Líbia – Estado em cujo território se verificaram os alegados crimes e simultaneamente Estado de que são nacionais as pessoas acusadas de os terem praticado – não é parte no Estatuto desse Tribunal, nem se previa que viesse consentir em que o Tribunal exercesse a sua competência em relação aos crimes em questão (cfr. artigo 12.º do Estatuto). Recorde-se que, nos termos do referido artigo 5.º, este Tribunal tem competência para julgar crimes de genocídio, contra a humanidade, de guerra e de agressão, sendo certo que há ainda limitações específicas quanto ao exercício da sua competência em relação ao crime de agressão, entretanto definido por resolução da Assembleia de Estados Partes, como decorre dos artigos 15.º *bis* e 15.º *ter* do Estatuto do Tribunal Penal Internacional.

[41] O caso contra Kadhafi foi encerrado a 22 de novembro de 2011, na sequência da sua morte.

[42] Portanto, também o Procurador não considerou haver motivos para os acusar de crime de genocídio.

[43] Recorde-se que, em particular, os Estados Unidos manifestaram uma forte oposição a este Tribunal desde a sua origem, o que os conduziu mesmo a procurarem celebrar, com outros Estados, tratados bilaterais pelos quais estes Estados se comprometeriam a não entregar cidadãos norte-americanos ao Tribunal Penal Internacional para serem julgados, o que levou então Vital Moreira a questionar certeiramente: "se os Estados que ratificaram o TPI acordarem aos norte americanos esse privilégio, com que legitimidade é que julgarão ou enviarão para Haia cidadãos de outras nacionalidades arguidos desses crimes (incluindo os seus próprios nacionais)?". Cfr. Vital MOREIRA, "Atribulações do Tribunal Penal Internacional", *in Público*, 1 de outubro de 2002.

[44] E é sabido que os Estados Unidos lideram a lista dos Estados que estão decididamente contra este Tribunal. Como refere a autora, apesar disso, não só "votaram para deferir o caso do Sudão (o primeiro caso submetido ao Tribunal, em 2005), como também financiaram as investigações necessárias ao processo e acusação do Presidente sudanês Omar Al-Bachir". Cfr. Sharon WEILL, "La Cour pénale internationale en question", *in Le Monde Diplomatique*, 1 de agosto de 2011.

quando isso convém aos seus objetivos políticos"[45]. Portanto, por uma questão que podemos mesmo dizer *de decoro*, de *salvaguardar uma mínima aparência de coerência*, aqueles Estados deveriam ter-se limitado à abstenção, que permitiria que a resolução fosse aprovada e não revelava de forma tão cruenta a sua hipocrisia.

3. Algumas reflexões suscitadas pela intervenção na Líbia

Este caso reforça a nossa convicção de que o recurso à força armada não é via idónea para garantir os direitos do homem. Em trabalho aprofundado acerca da dita intervenção humanitária, já nos pronunciámos acerca da sua ilicitude e expressámos o nosso entendimento de que não estávamos face a qualquer evolução no sentido da sua consagração jurídica, nem seria desejável que tal acontecesse. E a conclusão idêntica chegamos no que refere à intervenção democrática. A verdade é que, tanto num caso como no outro, estamos face a atuações que envolvem o uso da força; e, como afirmou Henkin, "o uso da força permanece, em si mesmo, uma muito grave – a mais grave – violação dos direitos humanos"[46].

A verdade é que a intervenção na Líbia não se reconduz, como vimos, a qualquer um desses conceitos. Apesar de se ter traduzido igualmente no uso da força com as consequências nefastas que este sempre acarreta para os direito humanos, este caso reconduziu-se a uma das exceções ao princípio da proibição do uso – e mesmo da ameaça de uso – da força afirmado na Carta das Nações Unidas (ou à forma encontrada para a viabilizar). A exceção em causa é fundada no artigo 42.º da Carta, em que se determina que "se o Conselho de Segurança considerar que as medidas previstas no artigo 41 seriam ou demonstraram ser inadequadas, poderá levar a efeito, por meio de forças aéreas, navais ou terrestres, a ação que julgar necessária para manter ou restabelecer a paz e a segurança internacionais". A implementação desta disposição depende, obviamente, de o Conselho deter as referidas forças aéreas, navais ou terrestres, o que decorreria da celebração dos acordos previstos no artigo 43.º e seguintes desse documento, pelos quais os Estados membros da Organização se obrigavam a proporcionar ao Conselho de Segurança forças armadas, assistência e facilidades, inclusive

---

[45] Cfr. Sharon WEILL, "La Cour pénale internationale en question", *cit.*.
[46] Cfr. Louis HENKIN, "The Use of Force: Law and US Policy", *in* Louis Henkin (ed.), *Right v Might: International Law and the Use of Force*, New York, Council on Foreign Relations, 1989, p. 61.

direitos de passagem, necessários à manutenção da paz e da segurança internacionais. Sendo certo que tais acordos nunca foram celebrados, a forma de viabilização daquela disposição tem sido através da "delegação" das competências do Conselho de Segurança aí definidas em Estados membros ou coligações de Estados membros que se disponibilizem para exercer aqueles poderes, ou seja, para recorrer à força armada.

Ora, esta situação, se salvaguarda a utilidade do artigo em questão, não corresponde ao que foi pretendido pelos redatores da Carta das Nações Unidas e traduz-se numa situação bem diferente daquela aí prevista. Como é óbvio, se os referidos acordos houvessem sido celebrados, estaria constituída uma força que atuaria sob a direção do Conselho de Segurança que, para tanto, beneficiaria da assistência da Comissão de Estado-Maior[47], pelo que "qualquer ato realizado por essa força seria atribuído unicamente às Nações Unidas e não a qualquer Estado"[48]. Manifestamente, não é o que acontece nos casos de "delegação" em Estados ou coligações de Estados, em que a atuação das forças militares fica submetida às diretivas dos próprios Estados, e é a eles imputável. Além disso, e como decorre do afirmado, não tendo sido celebrados os referidos acordos não há obrigação de participação dos Estados em ações que o Conselho de Segurança esteja disponível para aprovar, pelo que a participação que se possa verificar terá uma base voluntária[49].

No caso da intervenção na Líbia, ficou patente a autonomia do interventor face ao Conselho de Segurança, que apenas se pronunciou quanto à determinação do fim da intervenção, através de resolução aprovada quando Kadhafi já tinha sido morto e, portanto, o objetivo de mudar o regime tinha já sido definitivamente alcançado.

Com todos os defeitos que possam ser apontados ao Conselho de Segurança – que carece, efetivamente, de uma reforma profunda[50] –, não

---

[47] Cfr. artigos 45.º a 47.º da Carta das Nações Unidas.

[48] Cfr. Jean COMBACAU, "The Exception of Self-Defence in the UN Practice", *in* Antonio Cassese (ed.), *The Current Legal Regulation of the Use of Force*, Dordrecht, Martinus Nijhoff, 1986, p. 9.

[49] Pelo que situações há em que facilmente se censura o Conselho de Segurança por não ter atuado, quando isso se deve à falta de Estados disponíveis para agir. Obviamente, se os referidos acordos houvessem sido celebrados, os Estados ficavam juridicamente vinculados a fornecer os meios e as forças armadas a que se houvessem obrigado.

[50] Que, como reconhecemos noutro trabalho, permanece, atualmente, uma quimera, pelo que deveria haver um esforço no sentido de, pelo menos, se conseguir algumas reformas pontuais no seu funcionamento, de que deixámos algumas referidas. Cfr. Maria de Assunção do Vale PEREIRA, *A Intervenção Humanitária no Direito Internacional Contemporâneo*, *op. cit.*, p. 914.

deve ignorar-se que foi nas suas mãos que a comunidade internacional depositou "a principal responsabilidade na manutenção da paz e da segurança internacionais", como se lê no n.º 1 do artigo 24.º da Carta das Nações Unidas. Assim sendo, dada a falta de disponibilidade dos Estados para permitir que ele exerça plenamente as competências que a Carta lhe confere, cremos que também a autorização concedida pelo Conselho de Segurança não deve ser vista como um cheque em branco, devendo este órgão pronunciar-se sobre a compatibilidade da ação no terreno com aquilo que autorizou.

Para fazer face a críticas de falta de controlo sobre as atividades autorizadas, o Conselho de Segurança tem vindo a "delegar" as suas competências por períodos de tempo pré-determinados, eventualmente renovando a "delegação" quando se aproxima o termo desse período, se entender que as circunstâncias o justificam. Porém, nem essa pequena limitação, que poderia ter conduzido a uma não renovação do mandato, surgiu nesse caso.

Assim, se nos deparamos com um recurso à força lícito, em consequência de ter sido autorizado pelo Conselho de Segurança, verificamos também que cedo foi questionada a legitimidade da atuação autorizada. Este caso serviu, por isso, para mostrar as fragilidades da solução de compromisso a que se chegou para permitir a atuação do referido artigo 42.º da Carta das Nações Unidas, solução que tem sido vista, por vezes, como "um feliz compromisso entre a exigência de garantir o carácter institucional do mecanismo de segurança coletiva estabelecido na Carta e a necessidade de assegurar um papel operativo aos Estados". No entanto, esse *feliz compromisso* é comprometido, em virtude "da relutância dos Estados em aceitarem formas intensas de controlo e, em consequência, da tendência para utilizar a autorização segundo estratégias e esquemas operativos unilaterais"[51].

Conclusão

Foram necessários muitos séculos para se conseguir a afirmação do princípio geral da proibição do uso da força, pelo que não vemos com bons olhos a criação de novas exceções a esse princípio que, ainda que bem intencionadas (o que nem sempre acontece), são sempre suscetíveis de utilizações

---

[51] Cfr. Enzo CANNIZZARO, "Responsabilità di proteggere e intervento delle Nazioni Unite in Libia", *op. cit.*, p. 823.

duvidosas[52]. Entendemos, por isso, que a comunidade internacional tem de centrar os seus esforços sobretudo na prevenção dos conflitos[53] porque, uma vez estes instalados, os danos para os direitos humanos serão sempre enormes[54]. E quando não for possível evitá-los, o uso da força por terceiros Estados terá de ser sempre autorizado pelo Conselho de Segurança, que deve manter um controlo efetivo sobre a forma como está a ser usada a força que autorizou.

Portanto, parece-nos que deve haver uma atitude cautelosa quando se está a decidir – ainda que no seio do Conselho de Segurança – uma intervenção militar para a defesa dos direitos do homem, até porque não é muitas vezes esse o fator mobilizador[55]. A verdade é que se vêm verificando

---

[52] E não deve esquecer-se que pode sempre acontecer *virar-se o feitiço contra o feiticeiro*. Ou seja, se hoje há quem pretenda afirmar uma exceção ao uso da força para impor valores de raiz fundamentalmente ocidental, não deve olvidar-se de que as relações de forças na sociedade internacional vão sofrendo alterações, pelo que o Ocidente poderia ser visto como território propício à imposição coercitiva de valores em que não se revê.

[53] Refira-se que, a 4 de agosto de 2011, o Presidente dos Estados Unidos divulgou um Memorandum em que são formuladas várias opções políticas para lidar com situações de atrocidades em larga escala, em que afirma: "Prevenir atrocidades maciças e genocídio é um interesse angular da segurança nacional e uma responsabilidade moral fundamental dos Estados Unidos". Cfr. Barak OBAMA, *Presidential Study Directive on Mass Atrocities*, disponível em http://www.whitehouse.gov/ the-press-office/2011/08/04/presidential-study-directive-mass-atrocities [04.08.2011].

[54] E nesta área muito está ainda por fazer. Numa breve abordagem desta matéria, afirmamos, identificando alguns pontos a corrigir: "Deve, sim, sublinhar-se o interesse que a questão vem merecendo e a necessidade de correcção de algumas deficiências verificadas, nomeadamente, na melhor adequação do mandato das forças enviadas à situação vivida no terreno; na melhoria da redacção da resolução que autoriza o seu estabelecimento e define o seu mandato, que por vezes suscita muitas dúvidas a quem tem de a aplicar, nomeadamente no que toca à definição das circunstâncias em que pode ser usada a força, ou ainda – e aqui talvez sejam os problemas mais graves – na adequação dos recursos e meios disponíveis, cujo fornecimento fica dependente da vontade política dos Estados em contribuir com meios humanos ou financeiros; na correcção das assinaladas dificuldades de comunicação entre forças no terreno e instâncias da ONU; ou numa coordenação efectiva da distribuição de ajuda humanitária, cuja inexistência ou mau funcionamento contribui para sustentar as milícias, trazendo ainda maiores condicionamentos ao uso da força pelos efectivos da ONU". Cfr. Maria de Assunção do Vale PEREIRA, "Algumas considerações acerca da prevenção dos conflitos armados", *in Revista da Faculdade de Direito da Universidade do Porto*, ano VII, 2010 (especial), pp. 439-440.

[55] E a verdade é que, neste caso, nem tão pouco se verificaram tentativas sérias de resolução pacífica do problema. Depois de referir o dever de procurar uma solução pacífica para os diferendos, Anne-Cécile Robert afirma: "A guerra do Golfo, em 1990, foi precedida de um bailado diplomático intenso. O mesmo aconteceu em 2011 com a Costa do Marfim, mas não com a Líbia". Cfr. Anne-Cecile ROBERT, "Origines et vicissitudes du 'droit d'ingérence'", *op. cit.*.

diferentes situações em que, a uma intervenção militar que, como neste caso, conduziu a uma mudança de regime, se sucedem situações caóticas em que as violações dos direitos do homem surgem como uma constante[56]. E o caso da Líbia não foi exceção. Numa edição do *The Guardian* de meados de fevereiro de 2012, lia-se: "como recentes relatórios de grupos de direitos humanos e jornalistas mostram claramente, o país afundou-se em feudos rivais de milícias que se opõem, não apenas em Misrata, que [se] estabeleceu como uma 'cidade-Estado' com as suas próprias prisões e o seu sistema de justiça. Os abusos dos direitos humanos são comuns. A corrupção é endémica. O novo Estado pós-Kadhafi, longe de se consolidar em torno de instituições relevantes, está a tornar-se cada vez mais fraturado"[57].

Com Jacques Forster, vice-Presidente do Comité Internacional da Cruz Vermelha, deixamos o seguinte alerta: "*A experiência demonstra que, quando o humanitário é confundido com uma ação política ou militar, contribui mais para alimentar os conflitos do que para lhes pôr fim*"[58].

Março de 2012

---

[56] Referindo vários casos concretos, Peter Beaumont constata que "o que foi deixado após a intervenção tem sido uma série de Estados frágeis e corruptos, onde a violência é muitas vezes banal e qualquer coisa parecida com uma verdadeira democracia totalmente está ausente". Cfr. Peter BEAUMONT, "One year on: Chaotic Libya reveals the perils of humanitarian intervention", *in The Guardian*, 19 de fevereiro de 2012. Refira-se que, como decorre do que afirmamos, não nos parece correto qualificar a ação militar na Líbia de intervenção humanitária.

[57] Cfr. Peter BEAUMONT, "One year on: Chaotic Libya reveals the perils of humanitarian intervention", *op. cit.*.

[58] *Apud* Anne-Cecile ROBERT, "Origines et vicissitudes du 'droit d'ingérence'", *op. cit.*.

O discurso dos direitos humanos no contexto da Primavera Árabe

PATRÍCIA JERÓNIMO

I. A associação entre Primavera Árabe e direitos humanos não é difícil de estabelecer. Pode mesmo dizer-se que se trata de uma associação natural ou necessária, a muitos títulos, intuitiva. Basta pensar nos acontecimentos que estiveram na origem imediata da descida das populações à rua, na Tunísia e no Egipto, em Dezembro de 2010 e Janeiro de 2011. No dia 17 de Dezembro de 2010, na cidade tunisina de Sidi Bouzid, Mohamed Bouazizi, um jovem vendedor ambulante, imolou-se pelo fogo depois de ter sido esbofeteado publicamente por uma agente da polícia municipal e de os seus instrumentos de trabalho terem sido apreendidos a pretexto de uma irregularidade administrativa. Como justificação para os seus actos, Bouazizi disse querer apenas ver respeitada a sua dignidade[1]. Viria a falecer cerca de duas semanas depois, enquanto nas ruas de várias cidades tunisinas as populações manifestavam o seu protesto. Alguns meses antes, no Egipto, um jovem de nome Khaled Said fora espancado até à morte por dois agentes

---

[1] Cfr. Jeremy KINSMAN, "Democracy rising: Tunisia and Egypt – When idealists got it right", *in Policy Options*, Abril, 2011, p. 37, texto disponível em http://www.irpp.org/en/po/budget/democracy-rising-tunisia-and-egypt-when-idealists-got-it-right/ [28.11.2011]. A ideia de recuperar a dignidade perdida foi um tema recorrente nas manifestações árabes. Nesse sentido, cfr. Marc LYNCH, "The big think behind the Arab Spring", *in Foreign Policy*, Dezembro, 2011, texto disponível em http://www.foreignpolicy.com [28.11.2011]; Eric GOLDSTEIN, "Before the Arab Spring, the unseen thaw", *in* Human Rights Watch, *World Report 2012*, pp. 23-24, texto disponível em http://www.hrw.org/sites/default/files/reports/wr2012.pdf [21.02.2012].

da polícia, nas ruas de Alexandria. A brutalidade da acção policial foi denunciada através das redes sociais e Khaled Said tornou-se o símbolo do protesto colectivo contra os abusos do regime. Foi em seu nome – em resposta ao apelo lançado na página do Facebook "Somos todos Khaled Said" – que as populações do Cairo saíram à rua, a 25 de Janeiro de 2011, para se concentrarem na Praça Tahrir, de onde exigiram o fim dos abusos da polícia e do Governo[2]. A 11 de Fevereiro de 2011, Hosni Mubarak renunciou ao cargo de Presidente da República que ocupara durante trinta anos. O seu congénere tunisino, Zine el-Abidine Ben Ali, fora deposto um mês antes, a 14 de Janeiro de 2011, ao cabo de vinte e quatro anos no poder. Os efeitos destes acontecimentos históricos fizeram-se sentir imediatamente por todo o norte de África e Médio Oriente, com protestos populares a multiplicar-se desde Marrocos até ao Iémen. Nos meses que se seguiram, outros "líderes vitalícios" foram depostos (Muammar Kadhafi, na Líbia) ou forçados a introduzir reformas nos respectivos sistemas de governo (Mohammed VI, em Marrocos, Abdullah II, na Jordânia, Abdelaziz Bouteflika, na Argélia)[3].

Apesar de serem muitas as interpretações avançadas para a motivação das revoltas no mundo árabe (desemprego, frustração das expectativas dos jovens recém-licenciados, escassez de bens alimentares, corrupção, violência policial, etc.)[4], apesar de não serem claros os objectivos dos

---

[2] Cfr. Erin A. SNIDER e David M. FARIS, "The Arab Spring: U.S. democracy promotion in Egypt", *in Middle East Policy*, vol. XVIII, n.º 3, 2011, p. 58; Jeremy KINSMAN, "Democracy rising: Tunisia and Egypt – When idealists got it right", *op. cit.*, p. 39.

[3] Cfr. Nathalie TOCCI, "State (un)sustainability in the Southern Mediterranean and scenarios to 2030: The EU's response", *in MEDPRO Policy Paper*, n.º 1, 2011, pp. 4-5, texto disponível em http://www.ceps.eu/book/state-unsustainability-southern-mediterranean-and-scenarios--2030-eu%E2%80 %99s-response [06.12.2011]. Para uma análise muito céptica sobre a verdadeira extensão das reformas empreendidas, cfr., entre outros, Marina OTTAWAY e Marwan MUASHER, *Arab monarchies: Chance for reform, yet unmet*, The Carnegie Papers, Dezembro, 2011, texto disponível em http://carnegieendowment.org/files/arab_monarchies1.pdf [27.12.2011]; Ahmed BENCHEMSI, "Morocco: Outfoxing the opposition", *in Journal of Democracy*, vol. 23, n.º 1, 2012, pp. 57-68.

[4] Cfr. Marc LYNCH, "The big think behind the Arab Spring", *op. cit.*; Randall KUHN, *On the role of human development in the Arab Spring*, IBS Working Paper, 2011, texto disponível em http://www.colorado.edu/ibs/pubs/pop/pop2011-0011.pdf [28.11.2011]; Jan VÖLKEL, "The BIT 2012: Looking back on the Arab Spring – An interpretation of recent political developments", *in* Armando Garcia-Schmidt e Joachim Fritz-Vannahme (eds.), *The Arab Spring: One year after – Transformation dynamics, prospects for democratization and the future of Arab-European cooperation*, Gütersloh, Bertelsmann Stiftung, 2012, pp. 15 e 34-35.

movimentos revolucionários e apesar de os activistas dos direitos humanos terem desempenhado um papel muito discreto nas manifestações populares, é incontroverso que a descida das populações à *rua árabe* foi um *acto de liberdade* e uma forma de reivindicar "voz e dignidade"[5]. A Human Rights Watch, no seu relatório mundial de 2012, referiu-se mesmo às revoltas no mundo árabe como uma sequência de revoluções de direitos humanos – "a series of human rights revolutions"[6]. Os protagonistas das revoltas exerceram as suas liberdades fundamentais de expressão, reunião e manifestação[7], para reivindicar um exercício efectivo dos seus direitos de participação política e de auto-determinação, contra Governos autoritários, corruptos e violentos. Ainda é cedo para prever o desfecho dos processos revolucionários em curso, mas, perante os resultados já alcançados – a deposição de líderes aparentemente inamovíveis –, muitos não hesitam em afirmar que a Primavera Árabe foi, não apenas um exercício e uma reivindicação de direitos humanos, mas também um *triunfo* para os direitos humanos[8].

---

[5] Cfr. Uri DADUSH e Michele DUNNE, "American and European responses to the Arab Spring: What's the big idea?", *in The Washington Quarterly*, vol. 34, n.º 4, 2011, p. 131.

[6] Cfr. Kenneth ROTH, "Time to abandon the autocrats and embrace rights: The international response to the Arab Spring", *in* Human Rights Watch, *World Report 2012, op. cit.*, p. 2.

[7] Um exercício facilitado pelas novas tecnologias de informação e comunicação (*liberation technologies*), pelo activismo digital (*digital activism*) e pela existência de uma imprensa escrita independente. Sobre a importância destes factores na revolução egípcia, cfr. Erin A. SNIDER e David M. FARIS, "The Arab Spring: U.S. democracy promotion in Egypt", *op. cit.*, pp. 49 e 55-58. A importância das novas tecnologias de informação e comunicação foi sublinhada por inúmeros comentadores, mas, como nota George Lawson, não deve ser exagerada, já que as tecnologias são apenas um instrumento, que tanto pode ser usado para coordenar protestos, como para controlar e perturbar esses protestos. De resto, os protestos no Egipto cresceram em intensidade precisamente no período em que o acesso à internet esteve bloqueado por ordem do Governo. Cfr. George LAWSON, "The Arab uprisings: Revolution or protests?", *in* Nicholas Kitchen (ed.), *After the Arab Spring: Power shift in the Middle East?*, Londres, London School of Economics and Political Science, 2012, pp. 15-16.

[8] Considere-se, por exemplo, o título do Lisbon Forum 2011 – "The Arab Spring: A major step towards making universal human rights real" –, co-organizado pelo Centro Norte-Sul do Conselho da Europa e pela Aliança das Civilizações das Nações Unidas e que decorreu em Lisboa nos dias 3 e 4 de Novembro de 2011. Informação disponível em http://www.coe.int/t/ dg4/nscentre/lisbonforum_EN.asp [10.12.2012]. Para uma leitura de sentido igualmente optimista, cfr., ainda, Roland FREUDENSTEIN, "The Arab Spring: What's in it for us?", *in European View*, vol. 10, 2011, p. 70.

II. A *rua árabe* foi recebida com grande surpresa e entusiasmo pelos públicos ocidentais, que a saudaram como uma conquista para a democracia e para os direitos humanos no mundo árabe, como um *Arab awakening*[9] e como o início de uma nova era[10]. Os líderes políticos ocidentais foram mais cautelosos, comprometidos que estavam pelo apoio anteriormente prestado aos líderes árabes agora depostos e receosos dos desenvolvimentos futuros[11], mas não deixaram de manifestar-se optimistas pelos sinais de vitalidade democrática retirados das manifestações populares. Como foi observado por muitos comentadores, as revoltas provaram que as populações árabes são capazes de se insurgir contra a opressão, de reclamar os seus direitos e de controlar o seu destino[12], contra a ideia, disseminada no Ocidente, de que os povos árabes seriam excessivamente apáticos e não teriam maturidade democrática suficiente[13]. Sob esta perspectiva, a principal mudança trazida pela Primavera Árabe terá sido o regresso

---

[9] Cfr. Kenneth M. POLLACK *et al.*, *The Arab Awakening: America and the transformation of the Middle East*, Washington, The Brookings Institution, 2011; Fouad AJAMI, "The Arab Spring at one: A year of living dangerously", *in Foreign Affairs*, vol. 91, n.º 2, 2012, pp. 64-65; Dana H. ALLIN e Erik JONES, "As good as it gets?", *in Survival*, vol. 53, n.º 3, 2011, p. 210.

[10] Cfr. H. A. HELLYER, "The chance for change in the Arab world: Egypt's uprising", *in International Affairs*, vol. 87, n.º 6, 2011, p. 1322.

[11] O apoio prestado pelos líderes ocidentais aos regimes autoritários no mundo árabe pode explicar-se pela convicção generalizada de que estes regimes constituíam a única garantia contra a ameaça islamista e terrorista na zona, de que só estes regimes poderiam assegurar um *modus vivendi* com Israel e de que só estes regimes poderiam manter os fluxos de petróleo e conter os fluxos de imigrantes para os países ocidentais. Cfr. Kenneth ROTH, "Time to abandon the autocrats and embrace rights...", *op. cit.*, pp. 1-7.

[12] Cfr. Marc LYNCH, "The big think behind the Arab Spring", *op. cit.*; Toby DODGE, "From the 'Arab Awakening' to the Arab Spring: The post-colonial State in the Middle East", *in* Nicholas Kitchen (ed.), *After the Arab Spring: Power shift in the Middle East?*, *op. cit.*, p. 11; Kenneth M. POLLACK, "Understanding the Arab Awakening", *in* Kenneth M. Pollack *et al.*, *The Arab Awakening: America and the transformation of the Middle East*, *op. cit.*, pp. 6-7.

[13] Ideia que, durante muito tempo, serviu de justificação aos líderes ocidentais para a sua infame conivência com os Governos autoritários na região. "Western governments [proceeded] as if the usual convenient mischaracterizations of Arab society were true – that it was politically passive and underdeveloped, that deference to authority was inherent in Arab culture, that some combination of Arab tradition and Islam made the people of the region uninterested in or unsuited for democracy". Cfr. Kenneth ROTH, "Time to abandon the autocrats and embrace rights...", *op. cit.*, p. 6 (interpolação nossa). No mesmo sentido, cfr., ainda, Roland FREUDENSTEIN, "The Arab Spring: What's in it for us?", *op. cit.*, p. 68.

das populações à vida política da região, depois de décadas de submissão e desinteresse[14].

No meio do optimismo generalizado, não faltou quem alertasse para o risco de estarmos a alicerçar expectativas numa projecção dos nossos valores ocidentais sobre realidades sociais e políticas que, em larga medida, desconhecemos e que não partilham necessariamente esses valores. Como notou Philip Carl Salzman, as expectativas ocidentais face à Primavera Árabe têm muito de projecção e de desconhecimento daquilo que são os desejos e as esperanças das populações que protagonizam estes movimentos pela liberdade – presumimos que a *rua árabe* esteja a reivindicar democracia e direitos humanos, porque seriam essas as exigências que faríamos se estivéssemos lá, sem admitirmos que as populações árabes possam ter outros motivos e objectivos[15]. A provar o acerto destes alertas, cedo se tornou evidente que a falta de organização política dos jovens

---

[14] Cfr. Marc LYNCH, "The big think behind the Arab Spring", *op. cit.*. Importa referir, no entanto, que as manifestações populares de Dezembro de 2010 e dos primeiros meses de 2011 não constituíram uma completa novidade nas ruas árabes. Cfr. Eric GOLDSTEIN, "Before the Arab Spring, the unseen thaw", *op. cit.*, pp. 25-26. No Egipto, por exemplo, a Praça Tahrir já vinha a ser usada há vários anos pelo Movimento Egípcio para a Mudança (Kefaya) como ponto nevrálgico das suas manifestações e, fora do Cairo, os movimentos sindicais haviam mobilizado os trabalhadores para numerosas greves e manifestações. Sobre estes precursores da Primavera Árabe egípcia, cfr. Erin A. SNIDER e David M. FARIS, "The Arab Spring: U.S. democracy promotion in Egypt", *op. cit.*, pp. 54-57.

[15] "As we enthusiastically follow the 'Arab Spring' overthrow of Arab tyrants and dictators, we think, we hope, that 'the Arab street' is calling out for democracy and human rights, and that Arab societies are becoming more humane civil societies. But our enthusiasm and expectations are based less on an understanding of the Middle East and North Africa than on a sense of what we would do if we were members of 'the Arab street'. This benevolent projection of our own values and understandings is in practice ethnocentric, for we assume that our views are also held by Arab actors, whereas in fact they have their own distinct views, motives, and goals". Cfr. Philip Carl SALZMAN, "Why the Middle East is the way it is", *in The Hedgehog Review*, 2011, p. 23 (aspas no original). Do mesmo modo, Helena Pereira de Melo e Teresa Pizarro Beleza, apesar de afirmarem que a contestação árabe assentou nos valores da Revolução Francesa – liberdade, igualdade, fraternidade, dignidade e justiça –, não deixaram de alertar para o risco de a Europa cair na tentação do etnocentrismo ao interpretar o significado da "revolução do jasmim" e suas congéneres no mundo árabe através de "paralelismos inequívocos" com o significado que a Revolução francesa e as subsequentes revoluções liberais tiveram para a Europa. Cfr. Helena Pereira de MELO e Teresa Pizarro BELEZA, "Os direitos de participação política das mulheres na 'Primavera Árabe' vistos da Europa, no Verão de 2011", *in* Marcelo Rebelo de Sousa *et al.*, *Estudos de homenagem ao Prof. Doutor Jorge Miranda*, vol. II, Coimbra, Coimbra Editora, 2012, pp. 898 e 926.

manifestantes deixara o campo livre à ascensão dos grupos islamistas, que não estiveram envolvidos nas manifestações[16], mas que acabariam por ser os principais beneficiários dos processos democráticos então desencadeados, somando vitórias eleitorais na Tunísia, em Marrocos e no Egipto e fazendo temer um "Inverno islamista", inimigo dos direitos humanos. A própria *rua árabe* não escapou, de resto, a denúncias de violações de direitos humanos – por exemplo, as agressões sofridas às mãos dos manifestantes, na Tunísia e no Egipto, por mulheres que se manifestavam em defesa da igualdade de género, e a perseguição, pelos revoltosos líbios, de trabalhadores migrantes oriundos da África Subsaariana –, o que demonstra que a reivindicação de direitos contra governos despóticos não significa necessariamente uma defesa de *todos* os direitos para *todas* as pessoas[17].

III. Na verdade, a retórica dos direitos humanos não foi directamente mobilizada pelos protagonistas da *rua árabe*, que exigiram sobretudo o fim dos desmandos das elites políticas, democracia, justiça social e cresci-mento económico[18]. Como nota Eric Goldstein, da Human Rights Watch, a melhoria das condições de vida reivindicada pelas populações árabes só parcialmente teve tradução em termos de direitos humanos[19]. Natu-ralmente que a exigência de democracia subentende a reivindicação de direitos de participação política. Afinal, o mais básico dos direitos políticos que deve ser garantido aos cidadãos é o de poderem depor governos auto-ritários e de terem uma palavra a dizer nas decisões que são tomadas sobre as suas vidas. De igual modo, a exigência de justiça social é indissociável

---

[16] Um aspecto sublinhado pela maioria dos comentadores. Cfr., entre outros, Ewan STEIN, "Revolutionary Egypt: Promises and perils", *in* Nicholas Kitchen (ed.), *After the Arab Spring: Power shift in the Middle East?*, *op. cit.*, p. 24; Roland FREUDENSTEIN, "The Arab Spring: What's in it for us?", *op. cit.*, pp. 68-69; Michelle PACE e Francesco CAVATORTA, "The Arab Uprisings in theoretical perspective: An introduction", *in Mediterranean Politics*, vol. 17, n.º 2, 2012, pp. 132-134.

[17] "The year's events remind us that asserting one's rights against repressive governments does not mean embracing all rights for all people". Cfr. Eric GOLDSTEIN, "Before the Arab Spring, the unseen thaw", *op. cit.*, p. 28.

[18] Sobre o peso da exclusão económica na motivação da *rua árabe*, cfr. Toby DODGE, "Conclusion: The Middle East after the Arab Spring", *in* Nicholas Kitchen (ed.), *After the Arab Spring: Power shift in the Middle East?*, *op. cit.*, p. 65; Michelle PACE e Francesco CAVATORTA, "The Arab Uprisings in theoretical perspective...", *op. cit.*, pp. 129-131 e 134. Cfr., igualmente, Fouad AJAMI, "The Arab Spring at one...", *op. cit.*, p. 56.

[19] Cfr. Eric GOLDSTEIN, "Before the Arab Spring, the unseen thaw", *op. cit.*, p. 23.

do princípio da igualdade, que constitui uma pedra de toque do respeito pelos direitos humanos. Para além disso, os catalisadores imediatos da contestação foram, como vimos, a violência policial e a prática de tortura. Não há dúvida de que o respeito pelos direitos humanos – direitos civis e políticos, direitos económicos e sociais – esteve, desde o início, no centro dos protestos. Simplesmente, a garantia das liberdades e dos direitos individuais foi reivindicada sem preocupação pelo enquadramento conceptual ou ideológico de tais reivindicações e sem referência directa aos padrões internacionais de direitos humanos, *universais* e *indivisíveis*, cunhados sob a égide das Nações Unidas[20].

Isto explica-se, em boa medida, pelo facto de as manifestações populares terem acontecido de forma espontânea e não terem sido programadas por políticos, intelectuais ou activistas dos direitos humanos[21]. Os manifestantes não tinham um discurso estruturado, articulado segundo linhas ideológicas claras, do mesmo modo que não tinham propriamente uma *agenda* política, como observou a Secretária de Estado norte-americana, Hillary Clinton, aquando da sua reunião no Cairo com representantes dos jovens da Praça Tahrir, em Março de 2011[22]. O enquadramento ideológico veio mais tarde, quando se tornou claro que as manifestações dariam os seus frutos e tinham de ser levadas a sério. Mas, por essa altura, a "vanguarda urbana, instruída e liberal da Primavera Árabe" – como a designa

---

[20] Padrões frequentemente vistos como culturalmente insensíveis e condescendentes, mesmo pelos previsíveis beneficiários da sua aplicação. Para uma tal análise no contexto da Primavera Árabe, cfr., por exemplo, Nadine NABER, "Women and the Arab Spring: Human rights from the ground up", *in II Journal*, 2011, pp. 11-13, texto disponível em http://www.lsa.umich.edu/ UMICH/ii/Home/II%20 Journal/Documents/2011fall_iijournal_article4.pdf [21.12.2011].

[21] Cfr. Haizam Amirah FERNÁNDEZ, "La caída de Ben Ali: ¿Hecho aislado o cambio de paradigma en el mundo árabe?", *in Analysis of the Real Instituto Elcano (ARI)*, 14/2011, texto disponível em http://www.realinstitutoelcano.org/wps/wcm/connect/b02e6d80458b99 ea8bdccf5e7489e10f/ARI14-2011_Amirah_Ben_Ali_Tunez_cambio_paradigma_ mundo_arabe.pdf?MOD=AJPERES&CACHEID=b02e6d80458b99ea8bdccf5e7489e10f [03.12.2011]; Kristina KAUSCH, "Political parties in young Arab democracies", *in FRIDE Policy Brief*, n.º 130, Maio, 2012, texto disponível em http://www.fride.org/ download/ PB_130_Political_Parties_in_Arab_Democracies.pdf [02.06.2012].

[22] Cfr. Ryan LIZZA, "The Consequentialist: How the Arab Spring remade Obama's foreign policy", *in The New Yorker*, edição de 02.05.2011, texto disponível em http://www.newyorker. com/ reporting/2011/05/02/110502fa_fact_lizza [03.12.2011]. Cfr., ainda, Toby DODGE, "Conclusion: The Middle East after the Arab Spring", *op. cit.*, p. 66; Olivier ROY, "The transformation of the Arab world", *in Journal of Democracy*, vol. 23, n.º 3, 2012, pp. 5 e 14.

Roberto Aliboni – fora já ultrapassada e posta à margem do processo político por nacionalistas, conservadores e islamistas de vários matizes[23]. Nas eleições de 2011 e 2012, na Tunísia, em Marrocos e no Egipto, muitos dos jovens protagonistas da *rua árabe* acabaram por avançar com listas independentes, com escassas possibilidades de sucesso, por não se reverem no ideário dos maiores partidos ou por não poderem aspirar a ocupar lugares elegíveis nas listas destes partidos[24], o que confirmou o carácter distintamente "anti-político"[25] das revoltas populares.

Diversamente do que aconteceu na *fase espontânea* da Primavera Árabe, a retórica dos direitos humanos assumiu um lugar da maior relevância no debate político-ideológico que dominou os processos eleitorais "pós-revolucionários" e os subsequentes processos constituintes, na Tunísia, no Egipto e na Líbia[26]. Apesar de a nova constelação de forças políticas ser extremamente diversificada[27], os receios perante a crescente popularidade

---

[23] Cfr. Roberto ALIBONI, "The international dimension of the Arab Spring", *in The International Spectator*, vol. 46, n.º 4, 2011, p. 8. Cf., igualmente, Francis FUKUYAMA, "The failures of the Facebook generation in the Arab Spring", *in The Daily Beast*, edição de 21.05.2012, texto disponível em http://www.thedailybeast.com/articles/2012/05/21/the-failures-of-the-facebook-generation-in-the-arab-spring.html [22.05.2012]. Apesar de ser muito comum a atribuição aos jovens manifestantes de preferências seculares e liberais, importa ter presente que as manifestações, sobretudo as que tiveram lugar antes do afastamento de Ben Ali e de Mubarak, reuniram pessoas dos mais diversos sectores da sociedade e quadrantes ideológicos, desde socialistas e feministas até islamistas (a participar a título individual) e nacionalistas. Nesse sentido, cfr. H. A. HELLYER, "The chance for change in the Arab world...", *op. cit.*, p. 1316.

[24] Sobre a Tunísia, cfr. Isabelle WERENFELS, "Tunisia leads the way again: Post-election power constellation promising for democratization", *in SWP Comments*, n.º 37, Novembro, 2011, texto disponível em http://www.swpberlin.org/fileadmin/contents/products/comments/2011C37_wrf_ks.pdf [03.12.2011]. Para uma leitura, ligeiramente mais optimista, do desempenho político dos jovens manifestantes no Egipto, cfr. Khaled ELGINDY, "Egypt's troubled transition: Elections without democracy", *in The Washington Quarterly*, vol. 35, n.º 2, 2012, pp. 89-90 e 99-100.

[25] O termo *anti-político* é aqui usado com o sentido que lhe é atribuído por Michelle Pace e Francesco Cavatorta, ou seja, como sinónimo de oposição às formas tradicionais de representação política. Cfr. Michelle PACE e Francesco CAVATORTA, "The Arab Uprisings in theoretical perspective...", *op. cit.*, p. 134.

[26] Mais na Tunísia e no Egipto do que na Líbia, porque, aqui, as principais clivagens políticas prendem-se com facções regionais e tribais e os partidos islamistas não venceram as eleições "pós-revolucionárias" de Julho de 2012. A nossa análise centrar-se-á, por isso, naqueles dois primeiros países.

[27] Entre manifestantes, activistas, militares (sobretudo no Egipto), uma miríade de pequenos partidos, grupos tribais (na Líbia), facções religiosas, sindicatos, etc.. Cfr. Kenneth M.

dos partidos islamistas acabaram por reduzir o debate à oposição entre o campo dos *secularistas*, democratas e liberais, e o campo dos *islamistas*, mais e menos radicais, trazendo para primeiro plano a velha questão da compatibilidade do Islão político com a democracia e o respeito pelos direitos humanos. Vários indicadores sugerem que aquela oposição é excessivamente simplista – os partidos islamistas com maior peso eleitoral dizem-se moderados e dispostos a formar coligações com partidos secularistas, como aconteceu na Tunísia[28], e os partidos secularistas sabem que um discurso anti-religioso não é politicamente viável, atenta a importância que a religião tem na vida dos seus eleitores[29] –, mas o antagonismo e a desconfiança entre os dois campos têm vindo a agravar-se e muitos comentadores, estrangeiros e locais, consideram-nos praticamente irreconciliáveis[30].

POLLACK, "Understanding the Arab Awakening", *op. cit.*, pp. 4-5; H. A. HELLYER, "The chance for change in the Arab world...", *op. cit.*, pp. 1316-1319; Kristina KAUSCH, "Political parties in young Arab democracies", *op. cit.*; Rami G. KHOURI, "Arab disorder is a sign of vitality", *in The Daily Star Lebanon*, edição de 18.04.2012, texto disponível em http://www. dailystar.com.lb/Opinion/Columnist/ 2012/Apr-18/170546-arab-disorder-is-a-sign-of-vitality.ashx#axzz2e4KOShBK [29.04.2012].

[28] O partido islamista Ennahda, vencedor das eleições para a assembleia constituinte tunisina, de 23 de Outubro de 2011, formou um governo de coligação com dois partidos secularistas de esquerda, o Congrès pour la République (CPR) e o Ettakatol. Cfr. Isabelle WERENFELS, "Tunisia leads the way again...", *op. cit.*. Sobre a evolução ideológica dos partidos islamistas e a sua crescente capacidade para jogar o jogo democrático, cfr., entre outros, Michelle PACE e Francesco CAVATORTA, "The Arab Uprisings in theoretical perspective...", *op. cit.*, p. 133; Nathan J. BROWN, "Changes in the domestic order", *in* Sinan Ülgen *et al.*, *Emerging order in the Middle East*, Carnegie Endowment for International Peace, 2012, pp. 3-6, texto disponível em http://carnegieendowment.org/files/middle_east_order1.pdf [02.06.2012]; Olivier ROY, "The transformation of the Arab world", *op. cit.*, pp. 12-14.

[29] Cfr. Marina OTTAWAY, "The consequences of the internal power shift", *in* Sinan Ülgen *et al.*, *Emerging order in the Middle East*, *op. cit.*, p. 9; Barah MIKAÏL, "Religion and politics in Arab transitions", *in FRIDE Policy Brief*, n.º 116, Fevereiro, 2012, texto disponível em http://www. fride.org/ download/PB_116_Religion_and_Politics_in_Arab_Transitions.pdf [18.03.2012].

[30] Nesse sentido, cfr. Omar ASHOUR, "Egypt's democratic dictator?", *in Project Syndicate*, edição de 03.12.2012, texto disponível em http://www.project-syndicate.org/commentary/ mohamed-morsi-s-power-grab-and-egyptian-democracy-by-omar-ashour [03.12.2012]; Marina OTTAWAY, "The consequences of the internal power shift", *op. cit.*, pp. 7-10; IDEM, "Preventing politics in Egypt: Why Liberals oppose the Constitution", *in Foreign Affairs*, edição digital de 10.12.2012, texto disponível em http://www.foreignaffairs.com/articles/138497/ marina-ottaway/preventing-politics-in-egypt [14.12.2012].

A PRIMAVERA ÁRABE E O USO DA FORÇA NAS RELAÇÕES INTERNACIONAIS

No centro da discórdia está o lugar a atribuir à religião na vida política democrática e a autoridade a reconhecer à Lei islâmica – *Sharia* – nas ordens jurídicas em construção. Os secularistas recusam-se a acreditar na moderação dos seus adversários e acusam-nos de pretender manipular os processos democráticos para instituir um Estado teocrático e impor uma aplicação literal dos preceitos da *Sharia*, com implicações gravíssimas para os direitos individuais, sobretudo os direitos das mulheres e dos membros das minorias religiosas[31]. Muitos são os que consideram que a Primavera Árabe implicou um retrocesso em matéria de liberdade religiosa e de igualdade de género e recordam com saudade os regimes ditatoriais depostos, que eram, para muitos efeitos[32], seculares e sob os quais o estatuto da mulher conheceu melhorias significativas[33]. Os islamistas, por seu turno, sublinham a centralidade da religião para a identidade nacional e propõem-se promover uma gradual islamização da sociedade, mas acrescentam que não está em causa a instituição do califado, nem a aplicação

---

[31] Para uma leitura deste sentido, cfr., por exemplo, Hussein IBISH, "Jumping to conclusions on the Arab Spring", *in Now Lebanon*, edição de 01.11.2011, texto disponível em http://www. realclearworld. com/2011/11/01/jumping_to_conclusions_on_the_arab_spring_129339.html [29.11.2011]; Moataz EL FEGIERY, "A tyranny of the majority? Islamists ambivalence about human rights", *in FRIDE Working Paper*, n.º 113, 2012, texto disponível em http://www.fride. org/publication/1067/islamists%E2%80%99-ambivalence-about-human-rights [05.10.2012].

[32] Apesar da sua orientação secular, os regimes anteriores não deixaram de regular algumas matérias (sucessões, casamento, divórcio, minorias) por referência à *Sharia*, nem de invocar a Lei religiosa para apor reservas à ratificação de tratados internacionais de direitos humanos, como aconteceu, tanto para a Tunísia, como para o Egipto, com a Convenção sobre a Eliminação de todas as Formas de Discriminação contra as Mulheres, de 1979. Refira-se ainda que as Constituições "pré-revolucionárias" de ambos os países identificavam o Islão como a religião de Estado e que a Constituição egípcia estatuía que os princípios da *Sharia* eram a principal fonte do Direito legislado. Disposições que, ao que tudo indica, serão mantidas *ipsis verbis* nos textos constitucionais "pós-revolucionários". Cfr. Nathan J. BROWN, *Egypt and Islamic Sharia: A guide for the perplexed*, Carnegie Endowment for International Peace, 2012, texto disponível em http://carnegieendowment.org/2012/05/15/egypt-and-islamic-sharia-guide-for-perplexed/ argb [16.05.2012]; Isabelle WERENFELS, "Tunisia leads the way again...", *op. cit.*.

[33] Sobre o estatuto da mulher na lei tunisina "pré-revolucionária", considerada a mais avançada do mundo árabe em termos de igualdade de género, cfr. Fatima EL-ISSAWI, "The Tunisian transition: The evolving face of the Second Republic", *in* Nicholas Kitchen (ed.), *After the Arab Spring: Power shift in the Middle East?*, *op. cit.*, p. 21. Sobre a situação no Egipto, cfr. Vickie LANGOHR, "How Egypt's revolution has dialed back women's rights", *in Foreign Affairs*, edição digital de 22.12.2011, texto disponível em http://www.foreignaffairs.com/ articles/136986/ vickie-langohr/how-egypts-revolution-has-dialed-back-womens-rights [27.12.2011].

intransigente da Lei religiosa. O líder do Ennahda, na Tunísia, rejeitou expressamente a ideia de um Estado islâmico e cita amiúde o exemplo do Partido da Justiça e Desenvolvimento, da Turquia, como modelo de partido conservador, de orientação religiosa, que o Ennahda pretende emular[34]. No Egipto, a Irmandade Muçulmana afirmou em várias ocasiões pretender ver adoptado um texto constitucional que defina o Egipto como um Estado civil (*i.e.*, secular) de referência islâmica e não como um Estado religioso[35]. As referências à *Sharia* – mais comuns, de resto, entre os islamistas egípcios do que entre os seus congéneres tunisinos[36] – são explicadas como apelos à moralização da vida pública, depois dos abusos de poder e da corrupção dos regimes seculares anteriores[37], e não como reflexo da intenção de substituir os sistemas jurídicos em vigor pela *Sharia* ou por uma nova ordem jurídica pautada pela estrita obediência às disposições da Lei religiosa[38]. Esta – dizem – oferece, sobretudo, o enunciado dos valores e dos princípios fundamentais pelos quais todos os muçulmanos devem pautar as suas vidas, pelo que permite interpretações flexíveis[39] e a plena conformidade com os padrões internacionais de direitos humanos.

IV. Apesar de terem defendido, durante décadas, que os direitos humanos mais não são do que um instrumento de dominação ocidental, usado de forma etnocêntrica e dúplice ao sabor de interesses geoestratégicos[40], os islamistas que acederam ao poder com a Primavera Árabe não são insensíveis à importância dos direitos humanos como fonte de legitimidade interna e internacional e revelam-se fluentes na "linguagem dos direitos",

---

[34] Cfr. Olivier ROY, "The transformation of the Arab world", *op. cit.*, p. 13.

[35] Cfr. Marina OTTAWAY, "The consequences of the internal power shift", *op. cit.*, p. 9; Nathan J. BROWN, "When victory becomes an option: Egypt's Muslim Brotherhood confronts success", *in The Carnegie Papers*, Janeiro, 2012, p. 11, texto disponível em http://carnegieendowment. org/files/ brotherhood_success.pdf [02.12.2012].

[36] Cfr. Moataz EL FEGIERY, "A tyranny of the majority?...", *op. cit.*, p. 7.

[37] Cfr. Abdou FILALI-ANSARY, "The languages of the Arab revolutions", *in Journal of Democracy*, vol. 23, n.º 2, 2012, pp. 12-13.

[38] Exceptuada a franja extremista (salafita), é razoavelmente pacífico no campo islamista que a *Sharia* não constitui um sistema jurídico autónomo e completo que possa substituir os sistemas jurídicos "seculares" anteriores. Cfr. Olivier ROY, "The transformation of the Arab world", *op. cit.*, p. 17.

[39] Cfr. Nathan J. BROWN, *Egypt and Islamic Sharia: A guide for the perplexed, op. cit.*.

[40] Cfr. Patrícia JERÓNIMO, *Os direitos do homem à escala das civilizações: Proposta de análise a partir do confronto dos modelos ocidental e islâmico*, Coimbra, Almedina, 2001, pp. 265-268.

que têm vindo a integrar nos seus manifestos e programas políticos. Como observam Olivier Roy e Nathan J. Brown, a circunstância de os islamistas terem sido finalmente admitidos à cena política oficial na Tunísia e no Egipto condiciona-os, forçando-os a adoptar um discurso cauteloso e politicamente responsável, mais ditado por factores económicos e exigências internacionais do que pela sua interpretação dos textos sagrados[41]. Naturalmente que isto não significa que a adesão dos islamistas aos padrões internacionais de direitos humanos seja sincera ou sem reservas. Os líderes da Irmandade Muçulmana, por exemplo, afirmam-se empenhados no respeito pelos padrões internacionais de direitos humanos *desde que* estes não conflituem com o disposto na *Sharia*[42], uma sobranceria que traz à memória o velho argumento islamista de que os direitos humanos cunhados pelo Ocidente ficam muito aquém do modelo islâmico de tutela da dignidade da pessoa humana, que decorre directamente da Lei de Deus[43].

A conciliação entre os dois modelos afigura-se difícil, se tivermos presente que algumas disposições da *Sharia* contrariam frontalmente o estatuído nos padrões internacionais de direitos humanos. Uma observação muito comum nas análises que têm vindo a ser feitas sobre a eventual compatibilidade entre a *Sharia* e os direitos humanos é a de que a maioria das disposições da *Sharia* – contidas no Alcorão e na *Sunna*, a tradição do Profeta Maomé – permite interpretações muito diversas, proporcionando ao intérprete uma grande margem de flexibilidade[44]. Este facto, sendo

---

[41] Cfr. Olivier ROY, "The transformation of the Arab world", *op. cit.*, p. 8; Nathan J. BROWN, "Changes in the domestic order", *op. cit.*, pp. 4-5.

[42] Cfr. Moataz EL FEGIERY, "A tyranny of the majority?...", *op. cit.*, p. 8.

[43] Este é um argumento recorrente nas comparações feitas por académicos muçulmanos ao longo das últimas décadas entre o disposto na *Sharia* e o conteúdo dos instrumentos de Direito internacional dos direitos humanos (*maxime* a Declaração Universal dos Direitos do Homem, de 1948) e está subentendido na "islamização dos direitos humanos" resultante da adopção de Declarações e Cartas de direitos pelo Islamic Council, pela Organização da Conferência Islâmica e pela Liga dos Estados Árabes. Veja-se, por exemplo, o texto da *Declaração Islâmica Universal dos Direitos do Homem*, que foi coligida por um conjunto de académicos e juristas muçulmanos para o Islamic Council, em 1981, e cujo prefácio começa por afirmar que o Islão deu à humanidade um código ideal de direitos humanos há catorze séculos atrás. O texto da Declaração encontra-se disponível em http://www.alhewar.com/ISLAMDECL.html [21.02.2012]. Cfr., ainda, Patrícia JERÓNIMO, *Os direitos do homem à escala das civilizações...*, *op. cit.*, pp. 268-276.

[44] O argumento não tem nada de novo. Em 1990, Abdullahi An-Na'im observava: "Shari'a is not a formally enacted legal code. It consists of a vast body of jurisprudence in which individual jurists express their views on the meaning of the Qur'an and Sunna and the legal implications

incontroverso, não resolve o problema da compatibilização entre a *Sharia* e os padrões internacionais de direitos humanos, por duas razões fundamentais. Em primeiro lugar, a flexibilidade proporcionada ao intérprete suscita a questão de saber quem será esse intérprete. Um dos aspectos mais discutidos durante os trabalhos da assembleia constituinte egípcia foi o de saber se seria de atribuir à Universidade Al-Azhar a autoridade para determinar o sentido dos princípios da *Sharia*, como proposto pelos delegados salafitas, uma hipótese que fez soar os alarmes dos secularistas, receosos da imposição de uma interpretação retrógrada da Lei religiosa[45]. Ainda que os partidos islamistas recém-chegados ao poder na Tunísia e no Egipto afirmem privilegiar uma leitura esclarecida da *Sharia*, adequada às exigências dos tempos modernos, é inegável que existe o risco de que as entidades chamadas a transpor os princípios da *Sharia* para a legislação ordinária e a ajuizar da conformidade desta com a Lei religiosa venham a adoptar uma interpretação literal dos textos sagrados e a tratar a *Sharia* não apenas como um conjunto de princípios orientadores, mas como um conjunto de regras jurídicas pormenorizadas[46]. O que nos remete para o segundo dos motivos pelos quais a compatibilização entre a *Sharia* e os padrões internacionais de direitos humanos se afigura problemática. Sendo geralmente aceite pelas escolas de jurisprudência islâmica que a maioria das disposições da *Sharia* admite uma pluralidade de interpretações, é

---

of those views. Although most Muslims believe Shari'a to be a single logical whole, there is significant diversity of opinion not only among the various schools of thought, but also among the different jurists of a particular school". Cfr. Abdullahi Ahmed AN-NA'IM, "Human rights in the Muslim world: Socio-political conditions and scriptural imperatives", *in Harvard Human Rights Journal*, vol. 3, 1990, p. 19.

[45] Cfr. Moataz EL FEGIERY, "A tyranny of the majority?...", *op. cit.*, p. 15. A proposta revelou-se de tal modo controversa que acabou por ser abandonada. Apesar de tudo, o projecto final de Constituição, finalizado em Novembro de 2012, prevê que a Al-Azhar deve ser consultada em todas as questões de Direito muçulmano. Cfr. Aria NAKISSA, "Islamist understandings of Sharia and their implications for the post-revolutionary Egyptian Constitution", *in Middle East Brief*, n.º 68, Novembro, 2012, p. 5, texto disponível em http://www.brandeis.edu/crown/publications/meb/MEB68.pdf [02.12.2012]; Nathan J. BROWN, "Egypt's Constitution conundrum", *in Foreign Affairs*, edição de 09.12.2012, texto disponível em http://www.foreignaffairs.com/articles/138495/nathan-j-brown/egypts-constitution-conundrum [13.12.2012].

[46] Sobre estes riscos, cfr., entre outros, Abdou FILALI-ANSARY, "The languages of the Arab revolutions", *op. cit.*, pp. 13-14; Moataz EL FEGIERY, "A tyranny of the majority?...", *op. cit.*, p. 5; Nathan J. BROWN, *Egypt and Islamic Sharia: A guide for the perplexed*, *op. cit.*

também pacífico que existe um núcleo de disposições cujo sentido é estabelecido de forma clara e categórica pelo Alcorão e pela *Sunna* e sobre o qual não se admite discussão[47]. Este núcleo imutável inclui as disposições relativas aos crimes *hudud*, para os quais o Alcorão e a *Sunna* estabelecem sanções invariáveis (roubo, rebelião, fornicação, acusação infundada de fornicação, intoxicação e apostasia), e as disposições relativas ao estatuto da mulher no seio da família (direitos e deveres conjugais, divórcio, direitos sucessórios)[48]. É possível que algumas das disposições de Direito Penal venham a ser afastadas por inadequação aos tempos modernos[49], mas semelhante abertura dificilmente será permitida em matéria de Direito da Família, o único sector que se manteve subordinado à *Sharia* em todos os países de maioria muçulmana[50] quando estes embarcaram na via da modernização/secularização depois do fim da primeira guerra mundial. Não é por acaso que, no projecto da nova Constituição egípcia, em discussão em Novembro de 2012, o artigo 2.º refere os *princípios* da *Sharia*, enquanto principal fonte de Direito legislado, e o artigo 36.º refere as *regras* da *Sharia*, ao estatuir que o Estado deve adoptar todas as medidas necessárias ao estabelecimento da igualdade entre homens e mulheres, desde que estas não contrariem o disposto nas regras da Lei religiosa[51].

Ainda que os islamistas dominem a retórica dos direitos humanos na perfeição e não tenham qualquer dificuldade em alternar entre referências aos direitos humanos da *Sharia* e referências aos padrões internacionais de direitos humanos, é evidente que, pelo menos no que respeita à igualdade de género, estarão sempre a falar de coisas muito diferentes daquelas em

---

[47] Cfr. Nathan J. BROWN, *Egypt and Islamic Sharia: A guide for the perplexed, op. cit.*. Alguns autores, como Abdullahi An-Na'im, defendem que o esforço interpretativo (*ijtihad*) deve aplicar-se mesmo às disposições do Alcorão e da *Sunna* cujo conteúdo seja claro e categórico, mas esta é ainda uma posição minoritária. Cfr. Abdullahi Ahmed AN-NA'IM, *Towards an Islamic reformation: Civil liberties, human rights, and International Law*, Syracuse, Syracuse University Press, 1990, pp. 28-29.

[48] Cfr. Abdullahi Ahmed AN-NA'IM, *Towards an Islamic reformation..., op. cit.*, pp. 43 e 107-109.

[49] Cfr. Aria NAKISSA, "Islamist understandings of Sharia...", *op. cit.*, p. 3.

[50] Excepção feita para a Turquia, cujo secularismo se comunicou também ao domínio do estatuto pessoal. Cfr. Binnaz TOPRAK, "Islam and the secular state in Turkey", *in* Çiğdem Balim *et al., Turkey: Political, social and economic challenges in the 1990s*, Leiden, E. J. Brill, 1995, pp. 90-91.

[51] Cfr. Aria NAKISSA, "Islamist understandings of Sharia...", *op. cit.*, p. 5. O artigo 36.º, posteriormente renumerado artigo 68.º, acabaria, no entanto, por não integrar o texto final da Constituição, adoptado em 29 de Novembro de 2012.

que pensamos quando falamos em direitos humanos numa perspectiva ocidental[52]. Isso mesmo pode ser confirmado pelas reservas apostas pela generalidade dos países de maioria muçulmana aos instrumentos de ratificação dos tratados internacionais sobre a matéria[53] e pelas frequentes afirmações da superioridade da *Sharia* na protecção das mulheres, de que é um bom exemplo o artigo 3.º, n.º 3, da Carta Árabe de Direitos Humanos, de 2004, nos termos do qual os homens e as mulheres são iguais em dignidade, direitos e deveres, dentro do regime de *discriminação positiva* estabelecido pela *Sharia* em benefício das mulheres[54]. Este fosso interpretativo entre ocidentais e muçulmanos sobre o que sejam os direitos humanos e a igualdade de género é muito difícil de superar, o que torna especialmente fátua, ainda que porventura compreensível, a insistência dos líderes políticos ocidentais na promoção da igualdade de género como condição *sine qua non* do seu apoio aos processos de transição democrática no mundo árabe.

V. É interessante notar que, apesar das hesitações iniciais[55], os líderes políticos ocidentais têm procurado apoiar a Primavera Árabe e corrigir os erros do passado no seu relacionamento com os países do norte de África

---

[52] Nesse sentido, cfr., entre outros, Michelle PACE e Francesco CAVATORTA, "The Arab Uprisings in theoretical perspective...", *op. cit.*, p. 135. Sobre a deliberada ambiguidade dos islamistas em matéria de direitos humanos, cfr., ainda, Moataz EL FEGIERY, "A tyranny of the majority?...", *op. cit.*, pp. 1 e 7-13.

[53] Sobretudo a Convenção sobre a Eliminação de todas as Formas de Discriminação contra as Mulheres, de 1979, e a Convenção sobre os Direitos da Criança, de 1989. Sobre as reticências manifestadas pela Irmandade Muçulmana a respeito destas duas Convenções, cfr. Nathan J. BROWN, "When victory becomes an option...", *op. cit.*, p. 14.

[54] "Men and women are equal in respect of human dignity, rights and obligations within the framework of the positive discrimination established in favour of women by the Islamic Shariah, other divine laws and by applicable laws and legal instruments". O texto da Carta encontra-se disponível em http://www1.umn.edu/humanrts/instree/loas2005.html [02.12.2012].

[55] Sobre as hesitações iniciais da Administração Obama perante os acontecimentos no mundo árabe, sobretudo no Egipto e na Líbia, cfr. Ryan LIZZA, "The Consequentialist...", *op. cit.*; Nicholas KITCHEN, "The contradictions of hegemony: The United States and the Arab Spring", *in* Nicholas Kitchen (ed.), *After the Arab Spring: Power shift in the Middle East?*, *op. cit.*, pp. 53-58. Sobre as hesitações da União Europeia, cfr. Daniela HUBER, *"Mixed signals" still? The EU's democracy and human rights policy since the outbreak of the Arab Spring*, Istituto Affari Internazionali Working Papers, 2012, texto disponível em http://www.iai.it/ pdf/DocIAI/ iaiwp1213.pdf [17.05.2012]; Álvaro de VASCONCELOS, *Listening to unfamiliar voices: The Arab democratic wave*, Paris, The European Union Institute for Security Studies, 2012, p. 20.

e do Médio Oriente, reconhecendo que não existe uma única forma de ser democracia e procurando manter o diálogo com os partidos islamistas, que, até há pouco tempo, constituíam o seu principal motivo de preocupação nesta zona do globo. A União Europeia, por exemplo, ao disponibilizar o seu apoio à construção de "democracias genuínas e sustentáveis" no mundo árabe, afirmou que não pretende impor – até porque não existe – um modelo único para as reformas políticas a empreender nestes países[56]. E a sua Alta Representante para os Negócios Estrangeiros e a Política de Segurança, Catherine Ashton, rejeitou muito claramente a ideia de que não podemos confiar nos islamistas, observando que estes são um grupo muito diversificado e que os partidos islamistas, como quaisquer outros partidos, devem ser julgados pelas suas acções concretas e não com base em suspeitas de eventuais *agendas* ocultas[57]. A promoção da democracia no mundo árabe constitui naturalmente uma prioridade para os líderes ocidentais, ainda sob o opróbrio de terem descurado este aspecto durante décadas em homenagem a interesses geoestratégicos[58], mas o discurso

---

[56] O que não a impediu de elencar um conjunto de elementos comuns a quaisquer processos de construção de democracias genuínas e sustentáveis: eleições livres e justas; liberdade de associação, expressão e reunião, liberdade de imprensa; Estado de Direito, administração da justiça por um poder judicial independente, direito a um julgamento justo; luta contra a corrupção; reforma do sector da segurança e controlo democrático das forças armadas e de segurança. Comunicação conjunta da Comissão Europeia e da Alta Representante da União Europeia para os Negócios Estrangeiros e a Política de Segurança, intitulada "Uma nova estratégia para uma vizinhança em mutação", COM(2011) 303, de 25 de Maio de 2011. A ideia de que cabe às populações árabes a decisão sobre o caminho a seguir e de que a União Europeia não pode procurar impor soluções estava já presente na Comunicação de Março de 2011, em que a União oferecera a prestação de apoio técnico especializado para a organização e acompanhamento dos processos eleitorais na Tunísia e no Egipto, se solicitado por estes países. Comunicação conjunta da Comissão Europeia e da Alta Representante da União Europeia para os Negócios Estrangeiros e a Política de Segurança, intitulada "Uma parceria para a democracia e a prosperidade partilhada com o sul do Mediterrâneo", COM(2011) 200 final, de 8 de Março de 2011.
[57] Cfr. Catherine ASHTON, "Supporting the Arab Awakening", *in The New York Times*, edição de 02.02.2012, texto disponível em http://www.nytimes.com/2012/02/03/opinion/supporting-the-arab-awakening.html?_r=0 [06.02.2012]. Sobre os esforços envidados pela Administração americana no sentido de desanuviar o clima de desconfiança em relação aos islamistas, no Egipto, cfr. Khaled ELGINDY, "Egypt's troubled transition...", *op. cit.*, p. 103.
[58] No mais citado dos *mea culpa* ocidentais, o Comissário Europeu para o Alargamento e Política de Vizinhança, Stefan Füle, lamentou o facto de a União Europeia não ter sido suficientemente veemente na defesa dos direitos humanos e das forças democráticas locais nos países árabes. "We must show humility about the past. Europe was not vocal enough in defending human

O DISCURSO DOS DIREITOS HUMANOS NO CONTEXTO DA PRIMAVERA ÁRABE

oficial é mais cauteloso, o que se compreende, desde logo, pelo facto de as próprias democracias ocidentais estarem a atravessar uma crise profunda[59], que não escapa à percepção dos novos líderes políticos árabes. Semelhantes cautelas não se aplicam, no entanto, aos direitos humanos, que continuam a ser ditos universais, muito simplesmente[60].

A lição retirada pelos observadores dos desenvolvimentos políticos recentes no mundo árabe é a de que a democracia não pode ser exportada nem importada, mas tem de emergir de cada população em concreto, para ser autêntica e duradoura[61]. Afinal, a deposição dos regimes autoritários não aconteceu por influência externa, mas por iniciativa das populações locais e devido a factores internos a cada um dos países envolvidos[62]. Isto

rights and local democratic forces in the region. Too many of us fell prey to the assumption that authoritarian regimes were a guarantee of stability in the region. This was not even Realpolitik. It was, at best, short-termism – and the kind of short-termism that makes the long-term ever more difficult to build". *Apud* Nathalie TOCCI, "State (un)Sustainability in the Southern Mediterranean...", *op. cit.*, pp. 8-9. Especialmente infame, no que respeita à União Europeia, foi o lançamento, em 2007, da União para o Mediterrâneo, uma iniciativa destinada a compartimentar as relações da União com os países do Mediterrâneo sul, de modo a promover a cooperação económica sem tocar nas questões políticas. Cfr. Nathalie TOCCI, "State (un) Sustainability in the Southern Mediterranean...", *op. cit.*, pp. 2-3; Jeremy KINSMAN, "Democracy rising: Tunisia and Egypt – When idealists got it right", *op. cit.*, p. 38.

[59] Tariq Ramadan chama a atenção para este aspecto, defendendo que os países árabes recentemente saídos de regimes ditatoriais não têm de replicar o modelo democrático ocidental, que se encontra hoje minado pela concentração de poder em instituições claramente não democráticas, como as instituições financeiras e a comunicação social. Cfr. Tariq RAMADAN, "Contro tutti i nemici della democrazia", *in Internazionale*, ano 19, n.º 925, 2011, p. 21. Cfr., igualmente, Michelle PACE e Francesco CAVATORTA, "The Arab Uprisings in theoretical perspective...", *op. cit.*, p. 129.

[60] Tanto a democracia como os direitos humanos são referidos como valores universais, na verdade, mas, para a democracia, são salvaguardadas as especificidades locais, ao passo que um semelhante *relativismo* não é admitido para os direitos humanos. Veja-se, por exemplo, a Comunicação intitulada "Uma nova estratégia para uma vizinhança em mutação", referida *supra*.

[61] Nesse sentido, cfr. Jeremy KINSMAN, "Democracy rising: Tunisia and Egypt – When idealists got it right", *op. cit.*, pp. 38 e 42-43.

[62] O carácter distintamente autóctone das revoltas árabes tem sido sublinhado por vários autores, que notam, por um lado, a irrelevância das campanhas pro-democracia das potências ocidentais para o desencadear das contestações e, por outro lado, a ausência da retórica anti-sionista e anti-americana dos discursos dos manifestantes. Cfr. Michelle PACE e Francesco CAVATORTA, "The Arab Uprisings in theoretical perspective...", *op. cit.*, p. 134; Olivier ROY, "The transformation of the Arab world", *op. cit.*, p. 9; Erin A. SNIDER e David M. FARIS, "The Arab Spring: U.S. democracy promotion in Egypt", *op. cit.*, pp. 49 e 59; Paul SALEM, "The regional order", *in* Sinan Ülgen *et al.*, *Emerging order in the Middle East*, *op. cit.*, p. 11.

não significa que o apoio externo aos processos de transição democrática não possa ser muito útil, como ressalva Jeremy Kinsman[63]. A maioria das análises feitas sobre o modo como o Ocidente – Estados Unidos e União Europeia, sobretudo – deve responder aos acontecimentos no mundo árabe tem sido, aliás, no sentido de uma maior intervenção ocidental em prol da democracia e dos direitos humanos. Os paralelismos com experiências passadas são numerosos, desde o apoio às transições democráticas dos países da Europa central e de leste, depois da queda do muro de Berlim, em 1989[64], até ao Plano Marshall, que ajudou a reconstruir a Europa no pós segunda guerra mundial[65]. Não falta quem diga que o Ocidente deve aproveitar a oportunidade única que lhe é proporcionada pela Primavera Árabe para difundir os nossos valores fundamentais e levar democracia e liberdade aos milhões de árabes que, deste modo, poderão finalmente realizar o seu pleno potencial[66]... Mesmo os autores que não embarcam neste tipo de messianismo insistem na necessidade de os países ocidentais serem

---

[63] Cfr. Jeremy KINSMAN, "Democracy rising: Tunisia and Egypt – When idealists got it right", *op. cit.*, p. 42. No mesmo sentido, cfr. Kenneth ROTH, "Time to abandon the autocrats and embrace rights...", *op. cit.*, p. 12.

[64] O paralelismo entre as revoltas árabes e as revoluções de 1989 na Europa central e de leste tornou-se um lugar-comum nas análises sobre a Primavera Árabe, servindo, simultaneamente, de base para interpretar as revoltas como mais um triunfo para a democracia à escala global e de ponto de referência para antecipar o tipo de apoio a prestar pelos líderes ocidentais, sobretudo a vizinha União Europeia, aos novos processos de transição democrática. Cedo, porém, se tornou evidente que os processos em curso no mundo árabe iriam seguir o seu próprio caminho, sem imitar modelos externos, e que os termos em que a União Europeia haveria de relacionar-se com os novos líderes árabes não poderiam ser os mesmos, desde logo, por a União não poder acenar à Tunísia, ao Egipto e à Líbia com a promessa da admissão como Estados--Membros. Cfr. Michelle PACE e Francesco CAVATORTA, "The Arab Uprisings in theoretical perspective...", *op. cit.*, p. 129; Roland FREUDENSTEIN, "The Arab Spring: What's in it for us?", *op. cit.*, p. 69; Kenneth ROTH, "Time to abandon the autocrats and embrace rights...", *op. cit.*, p. 9.

[65] Cfr., por exemplo, Sohrab AHMARI, "The failure of Arab liberals", *in Commentary*, Maio, 2012, texto disponível em http://www.commentarymagazine.com/article/the-failure-of-arab-liberals/ [16.05.2012].

[66] É essa a opinião de Roland Freudenstein. "[A]bove all, the protest movements and revolts that are now collectively known as the 'Arab Spring' present Europe and the US with a unique opportunity: to help spread freedom and democracy, and in a context in which hundreds of millions of Arabs can reach their full potential at last". Cfr. Roland FREUDENSTEIN, "The Arab Spring: What's in it for us?", *op. cit.*, p. 68 (aspas no original). A opinião é partilhada fora do mundo ocidental. Sohrab Ahmari, por exemplo, afirma que os Estados Unidos não devem hesitar em assumir o papel de "professor de democracia" no Médio Oriente. Cfr. Sohrab AHMARI, "The failure of Arab liberals", *op. cit.*.

mais exigentes com os líderes políticos dos países do norte de África e do Médio Oriente – novos e velhos[67] –, de modo a assegurar o respeito efectivo pela democracia e pelos direitos humanos nestes países. Quaisquer formas de cooperação económica e política a instituir no futuro – dizem-nos – devem ser subordinadas a um estrito princípio de condicionalidade[68], ainda que isso implique o risco de irritar alguns dos nossos parceiros árabes[69].

O que se pretende é pouco menos do que a quadratura do círculo. Por um lado, parece ponto assente que as estratégias do passado não resultaram, que a democracia não pode ser imposta do exterior e que é tempo de o Ocidente respeitar as escolhas democráticas das populações árabes e de ouvir o que estas têm a dizer sobre o que querem para o seu próprio futuro[70]. Por outro lado, voltamos a insistir na universalidade dos

---

[67] Uma abordagem coerente requer que o Ocidente seja tão duro com os velhos autocratas que continuam no poder como com os novos líderes recentemente eleitos. Cfr. Kenneth ROTH, "Time to abandon the autocrats and embrace rights...", *op. cit.*, pp. 12-13. Bem basta a incoerência resultante do facto de o Ocidente pretender exercer sobre os novos líderes da Tunísia, do Egipto e da Líbia uma pressão muito superior àquela que (não) exerceu durante décadas sobre os regimes de Ben Ali, Hosni Mubarak e Muammar Kadhafi. Uma ironia que não escapará certamente aos novos líderes árabes. Cfr. Roland FREUDENSTEIN, "The Arab Spring: What's in it for us?", *op. cit.*, p. 70.

[68] Cfr., entre outros, Kenneth ROTH, "Time to abandon the autocrats and embrace rights...", *op. cit.*, p. 13; Nathalie TOCCI, "State (un)Sustainability in the Southern Mediterranean...", *op. cit.*, pp. 9-10; Uri DADUSH e Michele DUNNE, "American and European responses to the Arab Spring...", *op. cit.*, p. 140.

[69] Cfr. Emiliano ALESSANDRI e Nora Fisher ONAR, "The changing landscape of the Arab world and implications for the EU and Turkey", *in The German Marshall Fund of the United States Policy Brief*, Novembro, 2012, p. 9, texto disponível em http://www.gmfus.org/wp-content/ blogs.dir/ 1/files_mf/1353000704Alessandri_FisherOnar_ChangingLandscape_Oct12.pdf [08.12.2012]; Roland FREUDENSTEIN, "The Arab Spring: What's in it for us?", *op. cit.*, p. 70. Que o risco existe e é sério pode ser confirmado pela recusa do Parlamento egípcio de receber apoio internacional para a organização dos processos eleitorais de 2011 e 2012. Cfr. Edward BURKE, "Parliamentary reform after the Arab Spring", *in FRIDE Policy Brief*, n.º 142, Dezembro, 2012, texto disponível em http://www.fride.org/ download/PB_142_Parliamentary_Reform_ after_the_Arab_Spring.pdf [14.12.2012]; Daniela HUBER, *"Mixed signals" still?...*, *op. cit.*, p. 5.

[70] Até Roland Freudenstein reconhece isto, apesar de defender que os líderes políticos europeus devem limitar os seus contactos aos grupos e partidos árabes que tenham valores comuns aos europeus, ou seja, os grupos e partidos de orientação secularista e, no caso do Egipto, os partidos associados à minoria cristã copta. Cfr. Roland FREUDENSTEIN, "The Arab Spring: What's in it for us?", *op. cit.*, pp. 71-72. Em sentido diametralmente oposto, Sinan Ülgen, Nathan J. Brown, Marina Ottaway e Paul Salem defendem que os actores externos devem dialogar tanto com os islamistas como com os secularistas e, acima de tudo, procurar fazê-los

nossos valores e a fazer depender o nosso apoio da adesão a estes valores, mesmo quando sabemos que alguns aspectos dificilmente poderão ser acolhidos pelos beneficiários da nossa *missão civilizadora*, como acontece com a igualdade de género, um princípio sublinhado à saciedade pela União Europeia[71] e pelo Conselho da Europa[72]. Se estivéssemos realmente a ouvir, perceberíamos que um secularismo de tipo ocidental dificilmente vingará no mundo árabe[73] e que os obstáculos à adopção de Códigos da Família independentes da *Sharia* são formidáveis.

Dir-se-á que a nossa condicionalidade não é contraditória com o respeito que assumimos pela autonomia destes povos, uma vez que estamos apenas a exigir a obediência a regras que os líderes destes países se obrigaram a cumprir ao ratificar os principais tratados de direitos humanos cunhados sob a égide das Nações Unidas[74]. No entanto, como vimos, a ratificação destes instrumentos de Direito internacional é frequentemente acompanhada de reservas e, mesmo onde isso não acontece, é previsível que a interpretação dada aos preceitos dos tratados no momento da sua transposição para o Direito interno e da sua aplicação pelas autoridades

---

dialogar entre si. "[A]ll external actors [should] behave consistently in terms of including both Islamists and non-Islamist parties in the discussion of whatever bilateral or multilateral issues arise. A deliberate effort to bring antagonistic factions together would be a greater contribution to promoting democracy in countries in transition than either democracy promotion projects [or] the imposition of political conditionalities". Cfr. Sinan ÜLGEN *et al.*, "Focusing on the concrete", *in* Sinan Ülgen *et al.*, *Emerging order in the Middle East, op. cit.*, p. 22 (interpolação nossa). Em idêntico sentido, cfr., ainda, Álvaro de VASCONCELOS, *Listening to unfamiliar voices..., op. cit.*, pp. 11-12, 28 e 106-112.

[71] Ver, por exemplo, as Comunicações conjuntas da Comissão Europeia e da Alta Representante da União Europeia para os Negócios Estrangeiros e a Política de Segurança de 8 de Março de 2011 ("Uma parceria para a democracia e a prosperidade partilhada com o sul do Mediterrâneo"), 25 de Maio de 2011 ("Uma nova estratégia para uma vizinhança em mutação") e 15 de Maio de 2012 ("Adotar uma nova Política Europeia de Vizinhança", JOIN(2012) 14 final).

[72] Ver, por exemplo, a Resolução n.º 1873 (2012) e a Recomendação n.º 1996 (2012), adoptadas pela Assembleia Parlamentar do Conselho da Europa em 24 de Abril de 2012, ambas com o título "Equality between women and men: A condition for the success of the Arab Spring", textos disponíveis em http://assembly.coe.int/ASP/XRef/X2H-DW-XSL.asp?fileid=18249&lang=en e http://assembly.coe. int/ASP/XRef/X2H-DW-XSL.asp?fileid=18250&lang=en [02.12.2012].

[73] Cfr. Barah MIKAÏL, "Religion and politics in Arab transitions", *op. cit.*.

[74] Nesse sentido se pronuncia Jeremy KINSMAN, "Democracy rising: Tunisia and Egypt – When idealists got it right", *op. cit.*, p. 42.

estaduais[75] seja muito diferente daquela que nós consideramos correcta. Não é novidade que os tratados internacionais de direitos humanos consagram estes direitos a um nível de abstracção de tal modo elevado que torna indispensável a intervenção concretizadora dos órgãos legislativos dos Estados Parte, o que permite e tem sido usado para acomodar as *especificidades locais*. Como explica Jack Donnelly, isto não tem necessariamente de constituir um problema[76]. Podemos estar todos de acordo sobre a necessidade de proteger a dignidade da pessoa humana, mas divergir quanto aos modos mais adequados de assegurar aquela tutela na prática. É o que se passa claramente nos *diálogos* entre ocidentais e islamistas a respeito dos padrões internacionais de direitos humanos. Temos acordo de princípio, mas diferenças significativas no plano do *pormenor*. Daí também que alguns autores recomendem aos líderes ocidentais que, sem abandonar a exigência de respeito pelos direitos humanos em geral, deixem de insistir na questão da igualdade de género, que será sempre, inevitavelmente, mais um foco de ruído do que um contributo útil para a melhoria das condições de vida das mulheres no mundo árabe[77]. Este será, provavelmente, o

---

[75] De quem continua a depender, em último termo, a efectiva aplicação da esmagadora maioria das normas contidas nos tratados internacionais de direitos humanos. Cfr. Jack DONNELLY, "The relative universality of human rights", *in Human Rights Quarterly*, vol. 29, n.º 2, 2007, p. 283.

[76] Cfr. Jack DONNELLY, "The relative universality of human rights", *op. cit.*, pp. 298-303.

[77] "Western political actors must prioritize. Direct demands that Islamist movements adopt broad ideological agendas endorsing secularism are certainly futile; even broadly philosophical commitments to core values such as women's rights are likely to generate either angry or useless platitudinous responses". Cfr. Marina OTTAWAY e Nathan J. BROWN, "The politics of international engagement", *in* Sinan Ülgen *et al.*, *Emerging order in the Middle East, op. cit.*, p. 15. Como nota Nathan J. Brown, num outro texto, as próprias feministas muçulmanas optam frequentemente por estribar as suas reivindicações nos preceitos da *Sharia* que são favoráveis à mulher e não na defesa de uma ordem jurídica secular, o que pode explicar-se pelas convicções religiosas destas mulheres, mas também pelo facto de elas saberem que uma sua campanha em prol da secularização do sistema jurídico seria, com grande probabilidade, acusada de servir interesses externos e acabaria por revelar-se contraproducente. Cfr. Nathan J. BROWN, *Egypt and Islamic Sharia: A guide for the perplexed, op. cit.*. Uma leitura semelhante à de Ottaway e Brown é a proposta por Olivier Roy, que chama a atenção para os riscos inerentes ao uso de modelos ocidentais nas políticas de apoio ao desenvolvimento adoptadas no Médio Oriente. "[S]ome of the models used in political development are creating more problems than they solve. [Isolating] the issue of women's rights, as if women were also some sort of specific and separate group [is] also a problem: how is one to address the 'Islamist' women? The point is not that we need to 'know better' in order to avoid mistakes; it is that we should not use concepts and models that may create more problems than solutions". Cfr. Olivier ROY, "The predicament

melhor meio de o Ocidente dar o seu apoio às jovens democracias árabes, sem prescindir dos seus valores fundamentais. Necessário é que sejamos capazes de compreender que esses valores podem ser interpretados de formas diferentes, de cultura para cultura, e que consigamos confiar na capacidade das populações árabes para encontrar, por si próprias, um equilíbrio entre cultura, religião, democracia e direitos humanos que seja aceitável para os seus membros e que lhes proporcione uma efectiva melhoria de condições de vida.

Dezembro de 2012

---

of 'civil society' in Central Asia and the 'Greater Middle East'", *in International Affairs*, vol. 81, n.º 5, 2005, p. 1011 (interpolação nossa, aspas no original). Sobre as feministas islamistas, cfr., ainda, Álvaro de VASCONCELOS, *Listening to unfamiliar voices...*, *op. cit.*, pp. 41-42 e 50-51.

OS AUTORES

Abdullahi Ahmed An-Na'im é Professor de Direito, titular da cátedra Charles Howard Candler e Director do Centro de Direito Internacional e Comparado na Emory University, em Atlanta, nos Estados Unidos da América. É o autor dos livros *Muslims and Global Justice* (2011), *Islam and the Secular State* (2008), *African Constitutionalism and the Role of Islam* (2006) e *Toward an Islamic Reformation: Civil liberties, human rights and international law* (1990). Os livros que organizou e coordenou incluem *Human Rights under African Constitutions* (2003), *Islamic Family Law in a Changing World: A Global Resource Book* (2002), *Cultural Transformation and Human Rights in Africa* (2002) e *Human Rights in Cross-Cultural Perspectives: Quest for consensus* (1992).

Carlos Gaspar estudou Direito e História na Universidade Clássica de Lisboa e Ciência Política no Institut d'Etudes Politiques de Paris, onde completou o DEA de Ciências Políticas e Relações Internacionais. Entre 1977 e 2005, foi consultor da Casa Civil do Presidente Ramalho Eanes e do Presidente Mário Soares e assessor da Casa Civil do Presidente Jorge Sampaio. É investigador do Instituto Português de Relações Internacionais da Universidade Nova de Lisboa, assessor do Conselho de Administração da Fundação Oriente, assessor do Instituto de Defesa Nacional, docente convidado do Departamento de Estudos Políticos da Faculdade de Ciências Sociais e Humanas da Universidade Nova de Lisboa, conferencista do Instituto de Estudos Políticos da Universidade Católica Portuguesa, membro da Comissão Externa Permanente de Avaliação Científica do Direitos Humanos- -Centro de Investigação Interdisciplinar (DH-CII) da Universidade do Minho, membro do Conselho de Redacção das revistas *Relações Internacionais*, *Nação e Defesa* e *Finisterra*, membro do European Council on Foreign Relations, membro do European China Research and Academic Network e membro do LSE Ideas Africa International Affairs Program.

Danilo Zolo é Professor de Filosofia do Direito Internacional na Faculdade de Direito da Universidade de Florença. Foi Visiting Fellow nas Universidades de Cambridge, Boston, Harvard, Princeton e Oxford. No ano 2000, fundou o Jura Gentium Journal, Center for Philosophy of International Law and Global Politics. As suas publicações incluem: *Democracy and Complexity*, Cambridge, Polity Press, 1992; *Chi dice umanità*, Torino, Einaudi, 2000; *Globalizzazione*, Roma-Bari, Laterza, 2004; *La giustizia dei vincitori*, Roma-Bari, Laterza, 2006; *L'alito della libertà. Su Bobbio*, Milano, Feltrinelli, 2008; *Tramonto globale*, Firenze, Fup, 2010. Os seus livros foram traduzidos em várias línguas, incluindo o inglês, o castelhano, o português, o alemão, o francês, o russo, o árabe e o chinês.

Hamdi Sanad Loza é Embaixador do Egipto em Portugal desde Setembro de 2010. Depois de obter o grau de Bachelor of Economics and Political Science, da Universidade do Cairo, ingressou no Ministério dos Negócios Estrangeiros, em 1976, na qualidade de *attaché* diplomático do Departamento de Economia. Iniciou a sua carreira internacional em 1978, na Embaixada do Egipto em Bruxelas, tendo posteriormente desempenhado funções no Líbano, em Nova Iorque (Missão do Egipto na Organização das Nações Unidas), em Israel, em Washington, na Polónia e na Grécia. De regresso ao Egipto, foi nomeado, em 2005, Vice-Ministro para os Assuntos Africanos e, em 2009-2010, Vice-Ministro para os Assuntos Europeus.

José Manuel Pureza é Licenciado em Direito e Doutorado em Sociologia pela Universidade de Coimbra. Professor Associado com Agregação da Faculdade de Economia da Universidade de Coimbra, onde coordena o Mestrado em Relações Internacionais e o Doutoramento em Política Internacional e Resolução de Conflitos. Investigador e Presidente do Conselho Científico do Centro de Estudos Sociais.

Maria de Assunção do Vale Pereira é Professora Auxiliar na Escola de Direito da Universidade do Minho e investigadora no Direitos Humanos – Centro de Investigação Interdisciplinar, desta mesma Universidade. É doutorada em Direito pela Universidade do Minho (2008). É membro do Conselho Científico, do Conselho Pedagógico e do Conselho da Escola de Direito da Universidade do Minho e membro do Conselho de Redação da Revista *Scientia Ivridica*. Lecciona unidades curriculares de Direito Internacional Público, Direito Internacional Humanitário e Direito Diplomático e Consular, áreas em que vem publicando regularmente trabalhos em revistas jurídicas e em obras coletivas, em Portugal e no estrangeiro, com destaque para *A Intervenção Humanitária no Direito Internacional Contemporâneo* (Coimbra Editora, 2009).

OS AUTORES

Patrícia Jerónimo é Professora Auxiliar na Escola de Direito da Universidade do Minho e investigadora no Direitos Humanos – Centro de Investigação Interdisciplinar, desta mesma Universidade. É doutorada em Direito pelo Instituto Universitário Europeu de Florença (2008). Integra a Comissão Directiva do Curso de Mestrado em Direitos Humanos da Universidade do Minho e a Comissão de Coordenação Científica e Pedagógica dos estudos de Licenciatura e de Mestrado em Direito na Universidade Nacional Timor Lorosa'e, onde tem vindo a leccionar com regularidade desde 2006. É autora do livro *Os Direitos do Homem à Escala das Civilizações. Proposta de Análise a partir de um Confronto dos Modelos Ocidental e Islâmico* (Almedina, 2001) e tem vindo a publicar regularmente trabalhos sobre os direitos humanos no mundo muçulmano e sobre a protecção das minorias étnicas e religiosas na Europa.

Pedro Carlos Bacelar de Vasconcelos é Doutor em Direito (Direito Constitucional e Ciência Política) pela Faculdade de Direito da Universidade de Coimbra. Professor Associado, de nomeação definitiva, de Direito Constitucional, Direito Internacional e Direitos Humanos, na Escola de Direito da Universidade do Minho e na Faculdade de Letras da Universidade de Coimbra, Director do Direitos Humanos – Centro de Investigação Interdisciplinar, membro da "Comissão de Veneza" órgão consultivo do Conselho da Europa para os assuntos constitucionais. Assumiu ainda os seguintes cargos: Chefe da Unidade Eleitoral para o processo de democratização na República Democrática do Congo, por nomeação do Conselho da União Europeia (1997/1999); Vice-Presidente e membro do conselho de redacção da Convenção para a Carta dos Direitos Fundamentais da União Europeia (1999/2000); Director do Departamento de Assuntos Constitucionais e Eleitorais e Director Adjunto para os Assuntos Políticos da UNTAET (Administração Transitória das Nações Unidas em Timor-Leste) (2000); Consultor do Banco Mundial e Consultor do Programa das Nações Unidas para o Desenvolvimento (2002/2005) para os assuntos da construção do Estado e do sector da justiça; Consultor do Presidente da República de Timor-Leste (2004/2005); Coordenador Nacional (Portugal) da Aliança das Civilizações na Organização da Nações Unidas (2004/2012).

Wladimir Brito é Licenciado, Mestre e Doutor em Direito (especialidade em Ciências Jurídico-Políticas) pela Faculdade de Direito da Universidade de Coimbra. É agregado em Ciências Jurídico-Públicas pela Escola de Direito da Universidade do Minho e é Professor Catedrático na Escola de Direito da Universidade do Minho e, em regime de cooperação, da Faculdade de Direito da Universidade de Coimbra, onde rege disciplinas de Direito público. Foi Vice-Presidente da Escola de Direito da Universidade do Minho e Director do Curso de Direito dessa Escola e exerceu outros cargos nessa Escola. Foi Presidente do Conselho da Escola de Direito da Universidade do Minho. Foi o autor material do projecto da Constituição da República de Cabo Verde de 1992, aprovado pela Assembleia Nacional. Foi membro da Lista de Conciliadores das Nações Unidas, (Convenção de Viena sobre os Direito dos Tratados de 1961), designado pelo Governo de Portugal. É Director da Revista *Scientia Ivridica* e integra comissões científicas de revistas científicas do Brasil, de Cabo-Verde, de Espanha e de Portugal. Foi Presidente do Congresso dos Quadros Cabo-Verdianos da Diáspora. Por deliberação da Assembleia Nacional de Cabo Verde, tem o Estatuto de Combatente da Liberdade da Pátria. Publicou vários trabalhos científicos na área do Direito Internacional Público, Direito Processual Administrativo e Direito Constitucional e Ciência Política.